Véronique Witzigmann

Ein süßes Stück vom Glück

Véronique Witzigmann

Ein süßes Stück vom Glück

Lieblingsrezepte
für Mehlspeisen,
Blechkuchen & mehr

südwest

Inhalt

Liebeserklärung vorab

Mehlspeisen! Das ist ein Versprechen! Sie und andere süße Köstlichkeiten lassen schwelgen, träumen, beruhigen und trösten. Wenn sie besonders gelungen sind, schließt der Genießer unweigerlich die Augen und vergisst für eine kurze Zeit den Alltagstrubel um sich herum. Als gebürtige Österreicherin habe ich das von Kindesbeinen an erfahren dürfen. Ich hatte das Glück, meiner Großmutter und meiner Großtante beim Backen »helfen« zu dürfen.

Vor allem an die Herstellung des Strudelteiges erinnere ich mich noch sehr gut. Sie eignete sich besonders, wenn meine Tante verärgert war. Ein perfekter Strudelteig nämlich muss fest geschlagen und bearbeitet werden, um seine Füllung später entsprechend feinblättrig zu ummanteln. Zu gern schaute ich ihr auch beim Herstellen der »Randl«, der Kärntner Nudel, zu, um später festzustellen, dass es schon etwas Übung braucht, bis der Rand gleichmäßig die Nudeltasche ziert. Eine andere lebhafte Erinnerung habe ich an die Schachenbäuerin aus dem Gasteinertal: Als Kinder durften mein Bruder und ich ihr einmal zusehen, wie sie in der kleinen dunklen Hofküche aus einer Schüssel Unmengen von Hefeteig geschickt zu flachen Bauernkrapfen, den sogenannten »Auszognen« formte, die sich anschließend schwimmend im heißen Butterschmalz zu einer unglaublichen Köstlichkeit verwandelten.

Doch ausschlaggebend für die Entstehung dieses Buchs, das Sie hiermit in den Händen halten, war für mich nicht nur der Genuss, sondern die Entstehung der Mehlspeisenküche. Beim Durchblättern verschiedener Bücher, die sich um die fast vergessene Wiener Küche drehen, verspürte ich große Lust, mich mehr mit diesem Thema zu beschäftigen. Ich traf Menschen, die mich für diese einzigartige Tradition begeisterten und mir über die Herstellung ihrer kostbaren und doch einfachen Rezepte erzählten.

Zur Geschichte

Einerseits haben die Mehlspeisen oft einen recht bäuerlichen Ursprung. Da galten Reste, wie beispielsweise altbackenes Brot oder übrig gebliebene gekochte Kartoffeln, Getreide, wie Mehl und Grieß, als Hauptzutat. Im Vordergrund stand die kostenbewusste Sättigung hungriger Mäuler, sowohl in der Familie als auch bei den Arbeitskräften des Hofes. Gegessen wurden die Mehlspeisen oft als Hauptgericht, das in großen Pfannen oder Reinen auf die Tischmitte gestellt wurde. Dazu gab es eingemachte Beilagen aus der Speisekammer in Form von köstlichen Kompotten und aromatischen Fruchtaufstrichen.

Andererseits zelebrierte um 1900 die Kaffeehauskultur in Wien Mehlspeisen auf höchstem kulinarischem Niveau. Konditoren verzauberten ihre Besucher und stachelten sich gegenseitig mit immer feineren Zubereitungen an. Wer es sich leisten konnte, hatte sogar eine »Perle« am eigenen Herd, die die feinsten Mehlspeisen zauberte. Aus dieser Zeit stammt

wohl auch die zauberhafte Geschichte einer Strudelbäckerin, die den Teig so hauchdünn ziehen konnte, dass sie ihre Liebesbriefe darunter lesen konnte.

In den Rezepturen der K.-und-k.-Bäckerei (im kaiserlichen und königlichen Gebiet Österreich und Ungarn in dem Zeitraum zwischen 1867 und 1918) vereinten sich oftmals die Herkunft und die Einflüsse aus vielen Ländern: vom damaligen Böhmen über Ungarn, den Balkan, die Türkei und auch aus Teilen Österreichs wie Tirol, Salzburg oder der Steiermark. Ihr Zusammenspiel hat eine wundervolle, facettenreiche Mehlspeisenküche mit zahlreichen Varianten hervorgebracht. Dazu zählen Köstlichkeiten wie Strudel, Knödel, Aufläufe, Koche, Potitzen, Puddings, Kuchen, Schmarren, Krapfen und Kipferl. Doch auch für feine Kuchen und zarte Gebäckstücke kann ich mich begeistern.

Lassen Sie sich verzaubern!

Ich freue mich, Sie mit diesem Buch in die Welt der traditionsreichen Mehlspeisen, der beliebten Blechkuchen und der warmen Süßspeisen entführen zu dürfen. Sie werden schwelgen, träumen, trösten und kleine Fluchten aus dem Alltagsstress schaffen – und zwar beim Herstellen und Genießen. Das ist ein Versprechen!

♥-lichst
Veronique Witzigmann

Gewusst wie

Damit das süße Glück auch gelingt, habe ich ein paar Tipps für Sie zusammengefasst. Eines liegt mir dabei besonders am Herzen: Kein Backofen und Herd gleicht dem anderen. Deshalb bitte ich Sie, immer zwischendurch einen Blick in den Backofen oder auf den Herd zu werfen und gegebenenfalls die Backzeit oder die Temperatur der Herdplatte den Erfordernissen anzugleichen.

Hilfsmittel und Formen

Eine gute Küchenausstattung erleichtert die Arbeit in der Backstube. Das fängt bei einer **Küchenwaage** an. Wenn ich auch gern kreativ koche, so ist das genaue Abwiegen beim Backen unerlässlich. Die Verhältnisse müssen stimmen, damit am Ende ein feines Gebäck entsteht. Eine elektronische Waage mit genauer Gramm- und Kilogrammanzeige ist zu empfehlen. Des Weiteren braucht man eine stabile **Rührschüssel** und am besten eine kleine Auswahl an Schüsseln mit verschiedenen Größen und Höhen. Um Puderzucker und Mehl fein zu sieben, sind **Siebe** unentbehrlich. Zum Verzieren in Streifenform können einfache **Gefrierbeutel** dienen, indem man flüssige Kuvertüre einfüllt und eine kleine Ecke abschneidet.

Kochlöffel bevorzuge ich aus Holz. **Teigschaber** wähle ich aus weichem Gummi, um kleinste Reste aufzunehmen. Bei **Backpinseln** fällt meine Wahl auf Pinsel mit Naturborsten. Sie dienen zum Einpinseln von Strudelteigen ebenso wie zum Ausstreichen von Kuchenformen und Glasieren von Gebäck. **Schneebesen** sind mir wertvolle Helfer, um Eischnee locker unter den Teig zu ziehen. Ein Handrührgerät mit Quirlen und Knethaken benutze ich, um Teige zu kneten und Cremes zu rühren. Und natürlich darf ein **Nudelholz** nicht fehlen, um Teige gleichmäßig dünn auszurollen.

Damit sich Kuchen gut aus der Form lösen lassen, fette ich diese zuvor ein und bestäube sie mit Mehl.

Die Auswahl an **Backformen** und **Backblechen** ist enorm. Ich habe verschiedene und nutze sie je nach Bedarf. In jedem Backofen sind als Grundausstattung meist ein Backblech und ein **Kuchengitter** vorhanden. Zusätzlich empfehle ich: ein Backblech mit den Maßen 38 x 24 Zentimeter, eine Gugelhupfform (Durchmesser 22 Zentimeter), eine Kastenform von 15,5 x 36 Zentimeter und eine antihaftbeschichtete Springform mit 26 oder 28 Zentimeter Durchmesser. Einen sehr vielfältigen Einsatz leisten auch Dariolförmchen mit 6,5 Zentimeter Höhe und 7 Zentimeter Durchmesser sowie eine Auflaufform von mittlerer Größe (30 x 16 Zentimeter). Schnelles, exaktes Ausstechen gelingt mit einem Metallring mit einem Durchmesser von 9,5 Zentimeter. Auch **Einmachgläser** (à 255 Milliliter Inhalt) mit Bügelverschluss gehören zur Basis, nicht nur zum Abfüllen von Fruchtaufstrichen und Kompotten, sondern auch, um Aufläufe darin zu backen.

Beste Zutaten

Mehlspeisen verlangen nach besten Zutaten. Das fängt bei **Eiern** an, weshalb ich darauf achte, sie aus artgerechter und ökologischer Haltung zu kaufen. Manchmal gebe ich in den Rezepten die Größe des Eis an, da es mir um das Gewicht geht: Ein Ei der Größe M wiegt ca. 50 Gramm, wobei das Eiklar mit 30 Gramm zu Buche schlägt. Damit Eier und Butter die gleiche (Zimmer-)Temperatur bei der Teigherstellung haben, nehme ich beide

Eier sind neben Mehl, Butter und Zucker die Hauptzutaten für feine Mehlspeisen und Kuchen.

ca. 2,5 Stunden vorab aus dem Kühlschrank. Bei weißem **Zucker** verwende ich meistens den feinen Backzucker, da er sich schnell auflöst und sich gut mit den anderen Zutaten zu einem Teig verbindet. Braunen Zucker oder Rohrzucker nutze ich, wenn ich dem Gebäck eine leichte Karamellnote verleihen möchte. Puderzucker, für den die Raffinade so fein gemahlen wird, dass sie nur noch unter der Lupe erkennbar ist, verwende ich gerne bei der Herstellung feiner Teige und zum Bestäuben am Schluss. **Butter** ist für mich unverzichtbar für wirklich gutes Gebäck. Meistens verwende ich sie bei Zimmertemperatur. Zerlassene Butter stelle ich ganz einfach her, indem ich Butter in einen kleinen Topf gebe und auf dem Herd bei schwacher Hitze langsam schmelzen lasse.

Zum Ausbacken von Palatschinken, Schmalzgebäck oder zum Frittieren von Früchten in Bierteig verwende ich **Butterschmalz, Palmfett** oder **Kokosfett**. Diese Fettarten lassen sich gut erhitzen, ohne dabei zu verbrennen, und das Gebäck bekommt zudem einen feinen Geschmack. Wenn nicht anders angegeben, verwende ich **neutrales Pflanzenöl** wie Sonnenblumen- oder Rapsöl.

Beim **Mehl** bin ich eher traditionell und verwende meist Weizenmehle der Type 405 und 550, denn sie haben ideale Backeigenschaften. Für Hefe- und Strudelgebäcke empfehle ich Weizendunst oder Wiener Griessler, jene doppelgriffigen Mehlsorten, die sich durch ihre spezielle feine Struktur besonders für elastische und lockere Teige eignen. **Mandelmehl** besteht aus blanchierten, sehr fein vermahlenen Mandeln. Es ist reich an Ballaststoffen, deshalb absorbiert es deutlich mehr Flüssigkeit als andere Mehle. **Gewürze** sind für mich ein wesentlicher Bestandteil, um das Gericht »rund« im Geschmack zu bekommen. Sind sie es doch, die den Speisen das feine Aroma geben. Zimt, Nelken, Bourbon-Vanille – um nur die Beliebtesten aus meiner Gewürzsammlung zu nennen. Ein besonderes Aroma bekommt man durch **Zimtblüten**. Das sind die getrockneten Früchte des Cassia-Zimtbaums. Im Geschmack erinnern sie an Zimt und Nelke – diese können daher auch wahlweise verwendet werden, falls Sie keine Zimtblüten bekommen. Eine speziell blumige Note verleihe ich Glasuren und Teigen durch etwas **Holunderblütensirup**. Dazu werden die Blüten des Holunderbusches mit Zucker eingekocht und gefiltert. Über den Abrieb von Orangen und Zitronen kann ich mich immer wieder begeistern. Ich liebe einfach den Duft der frisch abgeriebenen **Schale von Zitrusfrüchten!** Dafür verwende ich reife und unbehandelte Früchte, die ich zuerst gut unter heißem Wasser wasche und dann sorgfältig abtrockne. Für den Abrieb verwende ich eine feine Küchenreibe und achte darauf, dass nur die eigentliche Schale in den Teig wandert, denn die weiße Haut darunter schmeckt bitter.

Als geschmacksneutrales Geliermittel ist mir **Gelatine** eine willkommene Hilfe, wenn es darum geht, Cremes und Flüssigkeiten zu festigen. Die Gelatineblätter weiche ich in kaltem Wasser für ca. 4 Minuten ein, drücke sie dann aus und löse sie unter Rühren in etwas warmer Flüssigkeit auf. Zu der warmen gelösten Gelatine kommen zwei, drei Esslöffel Creme, erst danach kann sie weiter verarbeitet bzw. unter die restliche Masse gerührt werden.

Quark und **Topfen** unterscheiden sich im Wassergehalt. Der in Österreich hergestellte Topfen hat eine festere Konsistenz. Um eine ähnliche Konsistenz bei Quark zu bekommen, ist es wichtig, diesen gut abtropfen zu lassen. Wenn es geht, sollte er über Nacht in einem Sieb abtropfen. Als Zugabe im Teig nur unterheben, da sich durch längeres Rühren erneut Wasser bildet. Wer keinen Topfen erhält, wählt Quark oder Schichtkäse.

Viel Fingerspitzengefühl ist notwendig

Um einen hauchdünnen **Strudelteig** herzustellen, bedarf es nicht vieler Zutaten. Meistens stelle ich eine Grundmenge an Strudelteig her, die halbiert wird. Eine Hälfte verwende ich, die zweite friere ich auf Vorrat ein. Oder je nach der Anzahl der Gäste mache ich noch einen zweiten Strudel. Wichtig ist die Verwendung von glattem Mehl und dass der Teig gut verknetet wird. Damit er elastisch bleibt, bestreiche ich ihn rundum dünn mit Öl, bevor er dann für ca. 24 Stunden bei Zimmertemperatur ruht. Danach rollt man ihn sehr dünn auf einem mit Mehl bestäubten Strudeltuch aus und bestreicht ihn mit flüssiger Butter, damit er nicht trocken wird. Überstehende Ränder an den Seiten wegschneiden, kurz verkneten und in einem Gefrierbeutel einfrieren. Wenn es mal schnell gehen soll, findet man auch fertige Teige im Kühlregal. Als Unterlage verwende ich dann ein feuchtes Tuch und bestreiche die übereinandergelegten Teigblätter vor dem Füllen mit flüssiger Butter.

Für die Herstellung von Strudelteig braucht man auch eine große Arbeitsfläche und etwas Geduld.

Süße Aufläufe

Aufläufe sind wahre Schätze, unter deren Krusten sich Unwiderstehliches verbirgt. Als Wiener Koch sind jene bekannt, denen Eischnee Luftigkeit verleiht. Dazu zählt auch Pudding, der sanft im Wasserbad gart. Als Hauptspeise oder Dessert, warm oder kalt – einfach himmlisch!

Apfelauflauf

Zutaten für 1 Puddingform

25 frische Rosmarinnadeln
1-2 Äpfel (z. B. Jonagold)
1-2 EL Zitronensaft
40 g Butter
50 g Mehl
180 ml Apfelsaft
(z. B. Jonagold von van Nahmen)
4 Eigelb
70 g Zucker
2 Eiweiß
1 Prise Salz

Außerdem

1 große Auflaufform als Wasserbadbehälter
1 Puddingform mit Deckel à 12 cm Höhe, 16 cm Durchmesser
Butter und Zucker für die Form

Zubereitungszeit 40 Min.
Backzeit 1 Std. 30 Min.

1   Die Rosmarinnadeln vom Zweig zupfen und ganz fein hacken.

2   Die Äpfel schälen, vierteln und entkernen. 120 Gramm Fruchtfleisch auf einer Küchenreibe grob in eine Schüssel raspeln. Mit Zitronensaft beträufeln und beiseite stellen.

3   In einem Topf die Butter schmelzen. Das Mehl darüber stäuben und rühren, bis eine glatte Masse entstanden ist. Apfelsaft zufügen und die Mehlschwitze unter Rühren kurz aufkochen. Die Masse von der Kochstelle nehmen und lauwarm abkühlen lassen.

4   Backofen vorheizen auf 180 °C (Umluft 160 °C, Gas Stufe 2–3). Eine Auflaufform zu drei Viertel mit Wasser füllen und in den Backofen schieben.

5   Unter die leicht abgekühlte Masse das Eigelb nach und nach einrühren. 30 Gramm Zucker und Rosmarin unterrühren.

6   Eiweiß mit 1 Prise Salz und dem restlichen Zucker zu Eischnee steif schlagen. Abwechselnd den geriebenen Apfel und den Eischnee unter die Masse ziehen.

7   Eine Puddingform mit Butter ausreiben, mit Zucker ausstreuen und zu drei Viertel mit der Apfelmasse füllen. Mit dem Deckel verschließen und in das Wasserbad setzen. Den Pudding 1 Stunde 30 Minuten garen. Vor dem Stürzen kurz ruhen lassen.

Mein Tipp Dazu schmeckt die Vanillesauce von Seite 128 oder Honigeis.

Weizenauflauf mit Früchten

1   Reichlich Wasser zum Kochen bringen. Den Kochbeutel mit den Weizenkörnern hineinlegen und den Inhalt nach Packungsanweisung in 10 Minuten weich kochen. Beutel herausnehmen und abtropfen lassen.

2   Alle Trockenfrüchte inklusive Orangeat in kleine Stücke schneiden und in eine Schüssel geben. Kochbeutel aufschneiden und die gekochten Weizenkörner mit den Trockenfrüchten vermischen.

3   Backofen vorheizen auf 180 °C (Umluft 160 °C, Gas Stufe 2–3). Eine Auflaufform gut mit Butter einfetten. Die Weizen-Früchte-Mischung darin verteilen.

4   Eier, Puderzucker, Vanillezucker und saure Sahne zu einer Eiermilch verquirlen und mit Lebkuchengewürz verfeinern.

5   Die Eiermilch über die Weizen-Früchte-Mischung gießen. Die Form in den Backofen stellen und den Auflauf 25 Minuten garen.

Mein Tipp Schmeckt kalt und warm. Der Auflauf lässt sich gut vorbereiten, für Picknick oder Brunch optisch ansprechend in kleinen Gläsern. Die Grundmasse eignet sich zudem für viele Variationsmöglichkeiten z. B. kann man sie mit Orangenfilets oder Sommerbeeren anreichern.

Zutaten für 4–6 Portionen

125 g Weizenkörner im Kochbeutel (z. B. Sonnenweizen von Ebly®)

50 g getrocknete Soft-Aprikosen

20 g getrocknete Cranberrys

10 g getrocknete Kirschen

30 g Rosinen

20 g Orangeat

Für die Eiermilch

3 Eier

20 g Puderzucker

1 Päckchen Bourbon-Vanillezucker

270 g saure Sahne

1 TL Lebkuchengewürz

Außerdem

1 Auflaufform à ca. 30 x 16 cm

Butter für die Form

Zubereitungszeit 30 Min.
Backzeit 25 Min.

Grießauflauf

Zutaten für 4 Portionen
500 ml Milch
40 g Zucker
ausgekratztes Mark von
1 Vanilleschote
Abrieb von ½ Bioorange
Abrieb von ½ Biozitrone
100 g Dinkelgrieß
20 g Butter
2 EL Sahne
2 Eigelb (Größe M)
2 Eiweiß
10 g Puderzucker
100 g Erdbeer-Frucht-
aufstrich
4 Erdbeeren (mittlere Größe)

Zum Fertigstellen
2 EL Butter

Außerdem
4 Förmchen à 10 x 5 cm
Butter für die Förmchen

Zubereitungszeit 40 Min.
Backzeit 20 Min.

1   Die Milch mit Zucker, Vanillemark, Orangen- und Zitronenabrieb würzen und aufkochen. Den Grieß unter ständigem Rühren mit einem Schneebesen einrieseln lassen. Die Hitzezufuhr reduzieren und den Grieß bei schwacher Hitze langsam zu Brei kochen. Den Topf beiseite stellen und den Grießbrei lauwarm abkühlen lassen.

2   Backofen vorheizen auf 180 °C (Umluft 160 °C, Gas Stufe 2–3). Die Förmchen ausbuttern.

3   Die Butter zerlassen. Die flüssige Butter, Sahne und Eigelb in die Grießmasse einrühren. Eiweiß mit Puderzucker zu Eischnee steif schlagen und unter die Masse heben.

4   Den Boden der Förmchen mit je einer Schicht Grießmasse von ca. 1 Zentimeter Höhe bedecken. Den Fruchtaufstrich passieren, in einen Spritzbeutel füllen und den Rand der Förmchen umrunden sowie 2 bis 3 Fruchtstreifen auf der Grießmasse ziehen. Darauf eine weitere Schicht Grießmasse verteilen.

5   Erdbeeren waschen und die Kelche entfernen. Je eine Erdbeere mittig in die Grießmasse stecken.

6   Butter zerlassen und alle vier Aufläufe mit einem Teelöffel Butter begießen. Die Förmchen in den Backofen stellen und den Auflauf 20 Minuten backen. Lauwarm servieren.

Mein Tipp Schmeckt auch kalt. Als Beigabe eignen sich beispielsweise zur Fruchtaufstrich-Sauce pürierte, mit Orangenlikör gewürzte Erdbeeren.

Dunkler Brotauflauf

1 Die Weckgläser gleichmäßig mit Butter einfetten.

2 Jede Brotscheibe mit einem runden Ausstecher ausstechen, sodass 6 runde Böden à 7 Zentimeter Durchmesser entstehen.

3 Für die Eiermilch die Milch mit Vanillezucker süßen. Ei und Eigelb mit dem Zucker verquirlen. Die Milch mit einem Schneebesen unter die Eimischung rühren.

4 Backofen vorheizen auf 180 °C (Umluft 160 °C, Gas Stufe 2–3). Eine Reine zur Hälfte mit Wasser füllen und auf die untere Schiene in den Backofen stellen.

5 Für die Füllung Preisel- bzw. Johannisbeeren und Himbeeren verlesen. Mit Zitronenabrieb und Johannisbeerlikör marinieren.

6 Zwei Brotscheiben dünn mit Butter bestreichen und mit je einer Prise Zimt-Zucker bestreuen. Diese Brotscheiben auf die Böden der Weckgläser platzieren. Darauf je eine Schicht Beeren verteilen.

7 Die restlichen Brotscheiben in die Eiermilch legen und kurz darin ziehen lassen. Je eine eingelegte Brotscheibe auf die Beeren legen und wieder mit Beeren belegen. Den Abschluss bildet eine Brotscheibe mit einer Prise Zimt-Zucker.

8 Die Gläser mit der restlichen Eiermilch auffüllen. Die Weckgläser in die Reine setzen und den Auflauf ca. 50 Minuten backen. Nach Bedarf mit Alufolie abdecken.

Mein Tipp Schmeckt warm pur oder mit der Vanillesauce von Seite 128. Ich erwärme auch gern etwas Johannisbeer-Fruchtaufstrich und glasiere die Oberfläche damit.

Zutaten für 2 Portionen
6 Scheiben Bauernbrot
à 15 g und 0,5 cm Dicke

Für die Eiermilch
100 ml Milch
1 Päckchen Bourbon-Vanillezucker
1 Ei (Größe L)
1 Eigelb (Größe L)
70 g brauner Zucker

Für die Füllung
60 g Preiselbeeren oder schwarze Johannisbeeren
60 g Himbeeren
Abrieb von ¼ Biozitrone
1 EL Johannisbeerlikör (z. B. Crème de Cassis)
etwas Butter zum Bestreichen
1 EL Zimt-Zucker

Außerdem
2 Weckgläser à 255 ml Inhalt und 7 cm Durchmesser
Butter für die Gläser
1 runder Ausstecher à 7 cm Durchmesser
1 Reine (Bräter) als Wasserbadbehälter

Zubereitungszeit 30 Min.
Backzeit 50 Min.

Mohr im Hemd

Zutaten für 4 Portionen

Für den Teig
50 g Zartbitterkuvertüre
(60-70 % Kakao)
25 g blanchierte gemahlene
Mandeln
25 g gemahlene Haselnüsse
50 g weiche Butter
50 g Zucker
2 TL Bourbon-Vanillezucker
3 Eier (Größe L)
1 Prise Salz
20 g Biskotten (Löffel-
biskuits), fein zerbröselt

Außerdem
4 Gugelhupf-Förmchen
à 10 cm Durchmesser
und 5 cm Höhe
1 Auflaufform als
Wasserbadbehälter

Für die Förmchen
Butter
2 EL gemahlene Haselnüsse
2 EL Zucker

Zubereitungszeit 30 Min.
Backzeit 35 Min.

1 Für den Teig die Kuvertüre klein hacken, über einem Wasserbad schmelzen und etwas abkühlen lassen.

2 Eine Pfanne ohne Fett erhitzen und die Mandeln und Haselnüsse darin hellbraun anrösten. Die Nussmischung zur Seite stellen.

3 Förmchen mit Butter einfetten. Haselnüsse mit Zucker vermischen und die Förmchen damit ausstreuen.

4 Backofen vorheizen auf 180 °C (Umluft 160 °C, Gas Stufe 2–3). Eine Auflaufform zu zwei Drittel mit heißem Wasser füllen und in den Backofen stellen.

5 Butter, Zucker und Vanillezucker schaumig rühren. Eier trennen. Eigelb und geschmolzene Kuvertüre nach und nach unter die Butter-Zucker-Mischung rühren. Eiweiß mit 1 Prise Salz zu Eischnee steif schlagen und unter die Schokoladenmasse heben. Zuletzt die Nussmischung mit den Biskuitbröseln in den Teig rühren.

6 Die Förmchen zu drei Viertel ihrer Höhe mit Teig füllen und in das Wasserbad setzen. Den Pudding 35 Minuten backen. Herausnehmen und leicht abkühlen lassen.

7 Jeden Pudding auf einen Teller stürzen und die Süßspeise nach Belieben anrichten.

Mein Tipp Dies ist ein Lieblingsdessert aus Kindertagen von meiner Tante Steffi, die den »Mohr« dick mit Schokoladensauce übergoss. Meine aromatische Alternative ist eine leicht geschlagene Vanillesahne mit Rosenzucker.

Mein Tipp Wer sich nicht extra die kleinen Gugelhupf-Förmchen besorgen möchte, kann den Teig auch in vier Einmachgläsern à 225 Milliliter backen.

Milchreisauflauf

Zutaten für 6–8 Portionen

10 g Rosinen

4 EL Orangensaft

140 g Milchreis
(Rundkornreis)

½ Vanilleschote

600 ml Milch

50 g Zucker

15–18 Safranfädchen

20 g Orangeat

15 g Mandelsplitter

2 Eigelb (Größe M)

2 cl Orangenlikör
(z. B. Grand Marnier)

3 Eiweiß

1 Prise Salz

30 g Puderzucker

Zum Fertigstellen

60 g Orangenmarmelade

Außerdem

6–8 ovale Förmchen
à 14,5 cm Breite, 7,5 cm
Tiefe und 8,5 cm Höhe
Butter für die Förmchen

Zubereitungszeit 45 Min.

Einweichzeit 2 Std.
Backzeit 20 Min.

1   Die Rosinen in eine Schüssel geben, mit Orangensaft übergießen und 2 Stunden einweichen.

2   Den Reis mit kaltem Wasser abspülen und abtropfen lassen. Die Vanilleschote längs aufschlitzen und das Mark herauskratzen.

3   Milch, Zucker, Safranfäden, Vanilleschote und -mark in einem Topf zum Kochen bringen. Sobald die Milch erhitzt ist, den Reis einrühren und die Hitzezufuhr reduzieren. Den Milchreis bei schwacher Hitze unter Rühren langsam dicklich kochen, aber nicht zu fest werden lassen. Von der Kochstelle nehmen und lauwarm abkühlen lassen.

4   Backofen vorheizen auf 180 °C (Umluft 160 °C, Gas Stufe 2–3). Die Förmchen ausbuttern.

5   Das Orangeat klein hacken. Die Mandelsplitter fein hacken. Eigelb, Rosinen, Orangeat, Mandelstücke und Orangenlikör in den lauwarmen Reis einrühren. Eiweiß mit 1 Prise Salz und Puderzucker zu Eischnee steif schlagen. Den Eischnee unter die Reismasse heben.

6   Die Förmchen zu drei Viertel ihrer Höhe mit der Reismasse füllen. Auf die mittlere Schiene in den Backofen stellen und den Auflauf 20 Minuten backen. Herausnehmen, leicht auskühlen lassen.

7   Die Orangenmarmelade erwärmen, bis sie flüssig ist. Vor dem Servieren die Oberfläche des Auflaufes damit einpinseln.

Mein Tipp Den Milchreisauflauf lauwarm mit Vanilleeis oder der Vanillesauce von Seite 128 servieren. Ich backe den Auflauf manchmal auch in einer flachen Form. Nach dem Erkalten schneide ich dann aus dem Auflauf kleine Petit-Fours-Würfel, deren Unterseiten in Schokolade getaucht werden.

Wiener Kaffeekoch

1   Starken Kaffee kochen und davon 300 Milliliter abmessen. Sahne, Zucker und Vanillezucker in den warmen Kaffee rühren.

2   Den Hefezopf in kleine Stücke schneiden oder brechen.

3   In einem Topf die Butter schmelzen lassen. Sobald sie anfängt zu schäumen, das Mehl darüber stäuben und rühren, bis eine glatte Masse entstanden ist. Den Kaffee aufgießen und die Mehlschwitze unter Rühren kurz aufkochen lassen.

4   Die Gebäckstücke und die Walnüsse hinzufügen und unter Rühren kurz aufkochen lassen. Mit Orangenabrieb und Kaffeelikör würzen. Lauwarm abkühlen lassen.

5   Backofen vorheizen auf 180°C (Umluft 160°C, Gas Stufe 2–3). Förmchen mit Butter einfetten und mit Zucker ausstreuen.

6   Eigelb nach und nach unter die Kaffeemasse rühren. Eiweiß mit 1 Prise Salz zu Eischnee steif schlagen und unter die Kaffeemasse heben.

7   Die Förmchen zu drei Viertel ihrer Höhe mit der Kaffeemasse füllen. Die Förmchen auf die mittlere Schiene in den Backofen stellen und die Zubereitung in 40 bis 45 Minuten hellbraun backen. Aus dem Backofen nehmen und gleich servieren.

Mein Tipp *Als Beilage schmecken das Orangenkompott von Seite 132 oder eingelegte Rumzwetschgen sehr gut. Man kann den Kaffeepudding auch in einer großen Auflaufform backen.*

Zutaten für 4 Portionen

300 ml starker Kaffee
1 EL Sahne
100 g Zucker
1 Päckchen Bourbon-Vanillezucker
130 g Hefezopf vom Vortag
70 g Butter
50 g Mehl
50 g gemahlene Walnüsse
2 Messerspitzen Orangenabrieb
1 EL Kaffeelikör
4 Eigelb
3 Eiweiß
1 Prise Salz

Außerdem

4 Förmchen à 250 ml Inhalt, 10 cm Durchmesser und 5 cm Höhe
Butter und Zucker für die Förmchen

Zubereitungszeit 20 Min.
Backzeit 40–45 Min.

Prager Pudding

Zutaten für 6 Portionen

Für die Pfannkuchen (Grundrezept)

30 g Butter
120 g Mehl
1 EL Zucker
1 Messerspitze Zitronen-
abrieb
1 Prise Salz
200 ml Milch
50 ml Mineralwasser mit
Sprudel
1 Ei (Größe M)

Zum Ausbacken

Öl oder Butterschmalz

Für die Füllung

ca. 300 g helles Pflaumenkompott (Seite 125)

Für die Eiermilch

200 ml Milch
2 Eier (Größe M)
1 EL Zucker
1 EL Bourbon-Vanillezucker

Für die Förmchen

Butter zum Ausfetten
5 EL Zucker
1 EL Bourbon-Vanillezucker
½ TL Zimtpulver

Außerdem

1 Reine (Bräter) als
Wasserbadbehälter
6 Dariol-Becherförmchen
(Aluminium) à 7 cm Durch-
messer und 6,5 cm Höhe

Zubereitungszeit 40 Min.
Backzeit 30–35 Min.

1 Für die Pfannkuchen die Butter zerlassen. Mehl, Zucker, Zitronenabrieb, 1 Prise Salz, Milch und Mineralwasser mit einem Schneebesen zu einem glatten Teig verrühren. Das Ei unterarbeiten. Lauwarme Butter unterrühren. Teig 20 Minuten ruhen lassen.

2 Backofen vorheizen auf 200 °C (Umluft 180 °C, Gas Stufe 3–4). Eine Reine zur Hälfte mit Wasser füllen und in den Backofen stellen. Die Förmchen ausbuttern. Zucker, Vanillezucker und Zimt vermischen und die Förmchen damit ausstreuen.

3 Fett in einer Pfanne erhitzen und den Teig darin in 4 bis 6 Portionen (je nach Pfannengröße) zu dünnen Pfannkuchen ausbacken. Herausnehmen und leicht abkühlen lassen.

4 Die Pfannkuchen mit je 1 Esslöffel Kompott bestreichen, aufrollen und in ca. 1 Zentimeter breite Stücke schneiden. Je einen Pfannkuchen so in ein Förmchen schichten, dass die Schnittflächen nach oben weisen.

5 Für die Eiermilch Milch, Eier, Zucker und Vanillezucker verquirlen. Die Förmchen damit auffüllen.

6 Die Förmchen mit Alufolie verschließen und in das Wasserbad im Backofen stellen. Die Mehlspeise 30 Minuten garen.

7 Die Förmchen aus dem Backofen holen, noch heiß rundum mit einem scharfen Messer umfahren und auf Teller stürzen.

Mein Tipp Noch lauwarm mit einer Kugel Kaffee- oder Gewürzeis servieren. Schmeckt auch kalt vorzüglich, die Konsistenz ist dann aber etwas kompakter. Der ursprüngliche Prager Pudding wurde mit Konfitüre und Kompott gefüllt und in einer geschlossenen Puddingform gekocht. Meine Variation der Mehlspeise, in Förmchen gegart, lässt sich hübscher portionieren und ist durch die Kompottfüllung etwas »leichter«.

Zwetschgen-Koch

Zutaten für 6–8 Portionen

560 g Zwetschgen
(netto 500 g)
100 g Soft-Pflaumen
1 Zeste von 1 Bioorange
1 Anisstern
3 Nelken
1 Zimtsplitter
(kleines Stück einer
zerbrochenen Zimtstange)
2 EL Zwetschgen- oder
Kirschwasser
1 Päckchen Bourbon-
Vanillezucker
60 g Semmelbrösel
40 g Haselnüsse
3 Eier (Größe L)
80 g brauner Zucker
1 Prise Salz

Außerdem

6–8 Weckgläser
à 290 ml Inhalt
Butter für die Gläser
1 Auflaufform

Zubereitungszeit 40 Min.
Backzeit 30–40 Min.

1 Backofen vorheizen auf 180 °C (Umluft 160 °C, Gas Stufe 2–3).

2 Zwetschgen waschen, vierteln und dabei entsteinen. Soft-Pflaumen in Stücke schneiden. Beides in eine Auflaufform geben und mit Orangenzeste, Anisstern, Nelken, Zimt, Zwetschgen- oder Kirschwasser und der Hälfte des Vanillezuckers vermischen. Das Obst im Backofen 30 bis 40 Minuten schmoren lassen.

3 Semmelbrösel und Haselnüsse in einer Schüssel vermischen. Die Weckgläser mit Butter einfetten und mit etwas von der Semmelbrösel-Nuss-Mischung ausstreuen.

4 Die Auflaufform mit den geschmorten Zwetschgen aus dem Backofen nehmen. Die Gewürze entfernen. Die noch heiße Masse durch ein Sieb passieren und das Püree (Zutaten reichen für 180 bis 200 Gramm) auffangen.

5 Die Eier trennen. Eigelb, Zucker und restlichen Vanillezucker hellschaumig aufschlagen. Fruchtpüree und Bröselmischung unter die Eigelbmasse heben. Eiweiß mit 1 Prise Salz zu Eischnee steif schlagen und unter die Zwetschgenmasse ziehen.

6 Die Weckgläser zu drei Viertel ihrer Höhe mit der Masse füllen. Die Gläser in den Backofen stellen und den Pudding 30 bis 40 Minuten backen.

Mein Tipp Dazu passt gut Kompott oder die Vanillesauce von Seite 128. Anstelle der Zwetschgen lassen sich auch Aprikosen, Äpfel oder eine Mischung aus Zwetschgen und Holunderbeeren verwenden.

Kokos-Brioche-Auflauf

1 Backofen vorheizen auf 180 °C (Umluft 160 °C, Gas Stufe 2–3). Die Förmchen ausbuttern und mit Zucker ausstreuen.

2 Eine Pfanne ohne Fett erhitzen und die Kokosraspel darin hellbraun anrösten. Die Kokosmilch lauwarm erwärmen. Brioche in grobe Stücke brechen und in eine Schüssel geben.

3 Die Eier verquirlen und mit Zucker süßen. Die lauwarme Kokosmilch in die Eiermasse einrühren.

4 Die Brotstücke mit Eiermilch und Rum begießen. Die Kokosraspel untermischen.

5 Die Förmchen zu drei Viertel ihrer Höhe mit der Masse füllen. In den Backofen stellen und den Auflauf 25 Minuten backen.

Mein Tipp Mit Puderzucker bestäuben und einen Mango-Bananen-Dip dazu reichen. Dafür 1 Mango schälen, das Fruchtfleisch vom Stein schneiden und 250 Gramm abwiegen. Mit 40 Gramm Bananenstücken, 4 Teelöffel Limettensaft und 1 Esslöffel Puderzucker in ein hohes Gefäß geben und mit einem Pürierstab fein pürieren. Nach Bedarf mit Limettensaft oder Puderzucker abschmecken. Zuletzt 30 Gramm Crème double dazugeben und nochmals aufmixen. Den fertigen Dip für ca. 1 Stunde in den Kühlschrank stellen.

Zutaten für 4 Portionen

25 g Kokosraspel
250 ml Kokosmilch
150 g Brioche, altbacken (Alternativ: Hefezopf)
2 Eier (Größe L)
35 g brauner Zucker
½–1 EL Rum

Außerdem

4 Dariol-Becherförmchen (Aluminium) à 7 cm Durchmesser und 6,5 cm Höhe
Butter und Zucker für die Förmchen

Zubereitungszeit 20 Min.
Backzeit 25 Min.

Schneenockerln mit Schokoladensauce

1 Für die Schokoladensauce die Kuvertüre klein hacken und über einem Wasserbad schmelzen. Milch, Sahne, 1 Esslöffel Zucker und Orangenzeste in einen Topf geben. Einmal aufkochen und bei schwacher Hitze simmern lassen.

2 Für die Schneenockerln Eiweiß mit 1 Prise Salz zu Eischnee steif schlagen. Puderzucker nach und nach dazugeben und aufschlagen. Den Eischnee mit Zitronenabrieb würzen.

3 Aus der Sahnemilch die Orangenzeste entfernen. Orangenlikör einrühren.

4 Mit zwei großen Löffeln Nockerln aus dem Eischnee abstechen und in die siedende Sahnemilch legen; sie darf nicht kochen! Die Nockerln ca. 2 Minuten darin ziehen lassen und danach wenden. Nach weiteren 2 Minuten die fertigen Nockerln herausheben und auf ein Stück Küchenkrepp legen.

5 Die geschmolzene Kuvertüre in dünnem Strahl mit einem Schneebesen in die Sahnemilch einrühren. Eigelb, restlichen Zucker und Speisestärke glatt rühren. In die Sahnemilch gießen und auf der Kochstelle zu einer dickflüssigen Sauce rühren. Nach Bedarf etwas Milch bis zur gewünschten Konsistenz einrühren.

6 Zum Anrichten eine beschichtete Pfanne ohne Fett erhitzen und die Mandelblättchen darin hell anrösten. Mit Zucker bestreuen und unter Rühren karamellisieren lassen.

7 Zum Servieren etwas Schokoladensauce in tiefe Teller füllen und ein bis zwei Nockerln darauf setzen. Mit den karamellisierten Mandelblättchen bestreuen.

Mein Tipp Die zarten Nockerln gleich verspeisen. Eine schmackhafte Variante gibt es, wenn die Nockerln statt in Milch in hellem Glühwein ziehen und auf Vanillesauce angerichtet werden.

Zutaten für 10–12 Nockerln und 500 ml Schokoladensauce

Für die Schokoladensauce
100 g Zartbitterkuvertüre (60-70 % Kakao)
300 ml Milch
300 g Sahne
80 g Zucker
1 Zeste von 1 Bioorange
1 EL Orangenlikör (z. B. Grand Marnier)
4 Eigelb (Größe L)
8 g Speisestärke
Milch nach Bedarf

Für die Schneenockerln
4 Eiweiß (Größe L)
1 Prise Salz
30 g Puderzucker
2 Messerspitzen Zitronenabrieb

Zum Anrichten
100 g Mandelblättchen
2-3 TL Zucker

Zubereitungszeit 25 Min.

Himbeerauflauf mit Anisstreusel

Zutaten für 4–6 Portionen

Für die Streusel
150 g Mehl
120 g kalte Butter
100 g brauner Zucker
80 g blanchierte
gemahlene Mandeln
1 ½ TL Anissamen
Abrieb von ½ Biozitrone

Für den Teig
30 g weiche Butter
1 Messerspitze Vanillemark
30 g brauner Zucker
1 Ei (Größe L)
1 Eigelb
1 EL Zitronensaft
50 g Mehl
1 Messerspitze Backpulver

Zum Fertigstellen
350 g Himbeeren

Außerdem
1 Auflaufform à 30 x 16 cm

Für die Form
Butter
50 g Mandelblättchen
1 EL Zucker

Zubereitungszeit
35–40 Min.
Ruhezeit 45 Min.
Backzeit 45–50 Min.

1   Für die Streusel in einer Schüssel Mehl, Butter in Stückchen, Zucker, Mandeln, Anissamen und Zitronenabrieb mit den Händen vermischen und zu Streusel krümeln. Die Schüssel abdecken und ca. 45 Minuten in den Kühlschrank stellen.

2   Backofen vorheizen auf 180 °C (Umluft 160 °C, Gas Stufe 2–3). Eine Auflaufform mit Butter einfetten und mit Mandelblättchen und Zucker ausstreuen.

3   Für den Teig Butter, Vanillemark und Zucker hellschaumig rühren. Nach und nach Ei, Eigelb und Zitronensaft unter die Buttermasse rühren. Das Mehl mit Backpulver vermischen und unter den Teig ziehen.

4   Den Teig auf den Boden der Auflaufform verteilen. Mit Himbeeren bedecken und mit Streusel bestreuen. Die Form in den heißen Backofen schieben und den Himbeerauflauf in 45 bis 50 Minuten goldgelb backen.

Mein Tipp Sehr aromatisch schmeckt dieser Lieblingsnachtisch meiner Familie, wenn die Streusel nach dem Backen mit einem Hauch Zimt-Puderzucker-Mischung bestäubt werden. Oder ich mache Marmorstreusel, indem ich den Streuselteig halbiere und in eine Hälfte noch dunkles Schokoladenpulver einarbeite. Der Auflauf lässt sich mit Äpfeln, Brombeeren etc. auch toll variieren. Besonders gern bereite ich das Rezept auch in Dariol-Becherförmchen à 7 Zentimeter Durchmesser und 6,5 Zentimeter Höhe und anstelle der Himbeeren dann mit saftigen, geraspelten Karotten zu.

Mein Tipp Feine oder grobe Streusel – da hat jeder seine Vorliebe. Dicke, grobe Streusel bekommt man, wenn die Butter kalt mit Mehl und Zucker verarbeitet wird. Wer lieber feine Streusel bevorzugt, verwendet geschmolzene Butter zur Verarbeitung.

Strudel

Gerollt, gefüllt, gewickelt und mit viel guter Butter umsorgt – Strudel, Stollen und Potitzen sind ein Gedicht. Die Teige mit feinen Füllungen erfordern viel Handarbeit und Ruhe. So verbindet sich alles zu höchstem Genuss.

Nussstollen

Zutaten für 1 Stollen

Für die Füllung

40 g gemahlene Mandeln

40 g gemahlene Walnüsse

180 g Marzipanrohmasse

2 EL Orangensaft

Abrieb von ¼ Biozitrone

80 g brauner Zucker

1 Päckchen Bourbon-
Vanillezucker

½ TL Zimtpulver

1 Ei (Größe L, Raum-
temperatur)

1 ½ EL Mandellikör
(z. B. Amaretto)

Für den Teig

180 g weiche Butter

100 g Puderzucker

Abrieb von ¼ Biozitrone

1 Prise Salz

2 Eier (Größe L, Raum-
temperatur)

220 g Quark (Magerstufe)

500 g Mehl

1 Päckchen Backpulver

Zum Fertigstellen

50 g Butter zum Bestreichen

Puderzucker zum Bestäuben

Außerdem

1 Stollenform 31 x 15 x 8 cm

Butter für die Form

Zubereitungszeit 1 Std.
Backzeit 1 Std.
Ziehzeit über Nacht

1   Für die Füllung eine Pfanne ohne Fett erhitzen und alle Nüsse darin hell anrösten. Abkühlen lassen. Marzipan in eine Schüssel grob raspeln. Orangensaft, Zitronenabrieb, Zucker, Vanillezucker und Zimt dazugeben und kurz untermischen. 1 Ei, Mandellikör und zuletzt die Nüsse zufügen. Alles zu einer glatten Masse verrühren.

2   Backofen vorheizen auf 180 °C (Umluft 160 °C, Gas Stufe 2–3). Ein Backblech mit Backpapier auslegen. Stollenform ausbuttern.

3   Für den Teig die Butter in eine Schüssel geben. Den Puderzucker dazusieben, Zitronenabrieb und 1 Prise Salz dazugeben. Alles schaumig rühren. Nach und nach die Eier dazugeben und den Quark unterheben. Das Mehl mit dem Backpulver vermischen, über die Quarkmasse sieben und unterheben. Den Teig mit den Händen auf einer bemehlten Arbeitsfläche durchkneten.

4   Den Teig zu einem Rechteck von 40 x 30 Zentimeter ausrollen. Die Füllung mit einer Palette auf der Teigfläche verstreichen, dabei den oberen Rand freilassen. Den Stollen aufrollen und mit der Nahtseite nach oben in die Stollenform legen.

5   Die Stollenform mit der Nahtseite nach unten auf das Backblech stellen und in den Backofen schieben. Den Stollen für 25 Minuten bei 180 °C backen. Danach die Hitze auf 160 °C reduzieren und den Stollen für weitere 35 Minuten backen.

6   Butter schmelzen. Stollen aus der Form nehmen und noch heiß rundum mit zerlassener Butter bestreichen. Nach dem Abkühlen mit der restlichen geschmolzenen Butter einpinseln und den Stollen ringsherum mit Puderzucker bestäuben.

Mein Tipp Ich variiere dieses Rezept gern, z. B. indem ich den Mandellikör durch Rum austausche oder etwas geriebenen Apfel unter die Nussfüllung mische.

Topfenstrudel

1 Für den Teig am Vortag Mehl, Öl, 150 Milliliter heißes Wasser, Salz, Essig und Eigelb mit den Knethaken eines Handrührgerätes vermengen und dann mit den Händen ca. 10 Minuten lang durchkneten. Teig zu einer Kugel formen, mit Öl einreiben und in Klarsichtfolie einschlagen. 24 Stunden ruhen lassen.

2 Schichtkäse in ein Sieb geben. Über Nacht abtropfen lassen.

3 Am nächsten Tag den Backofen vorheizen auf 180 °C (Umluft 160 °C, Gas Stufe 2–3). Eine Reine mit Butter einfetten.

4 Von dem abgetropften Schichtkäse 320 Gramm abwiegen. In einer Schüssel Butter, Eigelb, Zucker, Vanillemark und Zitronenabrieb schaumig rühren. In einer zweiten Schüssel Eiweiß mit 1 Prise Salz und Puderzucker zu Eischnee steif schlagen. Zunächst nur 2 Esslöffel des Eischnees unter die Buttermasse rühren. Sauerrahm, Schichtkäse, Grieß und den restlichen Eischnee unterheben.

5 Butter schmelzen. Ein Strudeltuch mit Mehl bestäuben. Den Teig darauf hauchdünn ausrollen und auf eine Größe von ca. 60 x 60 Zentimeter zuschneiden. Teig mit der zerlassenen Butter bestreichen. Die Füllung auf dem unteren Drittel der Teigfläche verteilen und zum oberen Rand etwas Platz lassen. Strudel mithilfe des Tuches von unten nach oben aufrollen. Die abgeschnittenen Teigreste verkneten und einfrieren.

6 Den Strudel mit der Nahtseite nach unten in die Form legen, mit Butter bestreichen und 50 bis 60 Minuten backen. Herausnehmen und noch warm mit Puderzucker bestäuben. Lauwarm genießen.

Mein Tipp Alternativ eine Springform von 28 Zentimeter Durchmesser einfetten und den Boden mit Backpapier auslegen. Den Strudel auf den Formboden legen, Springformrand herum setzen und den Strudel in Schneckenform backen.

Zutaten für 1 Strudel

Für den Teig

300 g doppelgriffiges Mehl (Wiener Griessler)
50 ml neutrales Pflanzenöl
1 Prise Salz
½ TL Essig
1 Eigelb
Öl für die Teigkugel
(wahlweise Fertigteigstrudelblätter)

Für die Füllung

500 g Schichtkäse
40 g weiche Butter
3 Eigelb (Größe M, Raumtemperatur)
60 g Zucker
ausgekratztes Mark von ½ Vanilleschote
Abrieb von ½ Biozitrone
1 Eiweiß
1 Prise Salz
20 g Puderzucker
150 g Sauerrahm
10 g Dinkelgrieß

Zum Fertigstellen

30 g Butter zum Bestreichen
Puderzucker zum Bestäuben

Außerdem

1 Reine (Bräter)
Butter für die Form
1 Strudeltuch zum Aufrollen
Mehl für das Tuch

Zubereitungszeit 50 Min.
Ruhezeit 24 Std.
Backzeit 50–60 Min.

Mascarponestrudel

Zutaten für 1 Strudel

Für die Füllung

1 Päckchen Mandel- oder
Vanille-Puddingpulver
70 g Zucker
250 ml Milch
1 Eigelb
10 g Mandelmehl
(z. B. von Bos Food)
100 g Mascarpone
2 Messerspitzen Vanillemark
Abrieb von ¼ Biolimette

Für den Teig

1 Rolle Blätterteig à 275 g
(Fertigprodukt aus dem
Kühlregal)

Zum Fertigstellen

30 g Butter zum Bestreichen
etwas Mehl
10 g Biskotten (Löffel-
biskuits), fein zerbröselt
1 Eiweiß
1-2 EL Zucker
¼ TL Zimtpulver
10 g Mandelblättchen

Zubereitungszeit 40 Min.
Backzeit 40 Min.

1   Für die Füllung 20 Gramm Puddingpulver mit 2 Esslöffel Zucker und 4 bis 5 Esslöffel Milch anrühren. Restliche Milch aufkochen, beiseite nehmen, das angerührte Puddingpulver einrühren und den Pudding unter Rühren kurz aufkochen. Restliches Puddingpulver sieben und in den heißen Pudding einrühren. Lauwarm abkühlen lassen und dabei zwischendurch mit einem Schneebesen durchrühren, um die Hautbildung an der Oberfläche zu verhindern.

2   Nach dem Abkühlen den restlichen Zucker, Eigelb und Mandelmehl in die lauwarme Puddingmasse rühren. Mascarpone unterziehen und mit Vanillemark und Limettenabrieb würzen.

3   Backofen vorheizen auf 180 °C (Umluft 160 °C, Gas Stufe 2–3). Ein Backblech mit Backpapier auslegen.

4   Butter zum Bestreichen schmelzen und einen Pinsel bereitlegen. Ein Blatt Backpapier mit Mehl bestäuben und den Blätterteig darauf dünn auf eine Größe von 45 x 50 Zentimeter ausrollen.

5   Den Teig mit Butter bepinseln und mit Biskottenbröseln bestreuen. Die Mascarponefüllung auf die unteren drei Viertel der Teigfläche verteilen. Den Strudel von unten nach oben aufrollen und auch die Naht mit etwas Butter vor dem Verschließen bestreichen. Mit der Nahtseite nach unten auf das mit Backpapier belegte Backblech legen.

6   Eiweiß verquirlen und den Strudel damit bestreichen. Zucker, Zimt und Mandelblättchen auf den Strudel streuen. Das Backblech in den Backofen schieben und den Strudel 40 Minuten backen.

Mein Tipp Heiße Himbeeren mit Rhabarber sind einfach unwiderstehlich zu diesem Strudel.

Schokoladenstrudel

1 Für den Teig am Vortag Mehl und Kakaopulver sieben und vermischen. Öl, 150 Milliliter heißes Wasser, Salz, Essig und Eigelb zufügen. Mit den Knethaken eines Handrührgerätes vermengen. 10 Minuten durchkneten. Teig zu einer Kugel formen, mit Öl einreiben und in Klarsichtfolie einschlagen. 24 Stunden ruhen lassen.

2 Für die Füllung die Kuvertüre klein hacken, über einem Wasserbad schmelzen und abkühlen lassen. Die Eier trennen. Eigelb, die Butter, Zucker, Orangenabrieb und Vanillezucker schaumig aufschlagen. Eiweiß mit 1 Prise Salz zu Eischnee steif schlagen. Eischnee im Wechsel mit den Mandeln, gehackten Schokoladenstückchen und Biskottenbröseln unter die Eigelbmasse heben. Sahne und die geschmolzene Kuvertüre unter die Masse geben.

3 Backofen vorheizen auf 200 °C (Umluft 180 °C, Gas Stufe 3–4). Ein Backblech mit Backpapier auslegen. Butter zum Bestreichen erwärmen und schmelzen lassen.

4 Ein Strudeltuch mit Mehl bestäuben. Den Teig darauf hauchdünn ausrollen und auf eine Größe von ca. 50 x 50 Zentimeter zuschneiden. Den Teig mit flüssiger Butter bestreichen. Die Teigfläche, von unten aus gesehen, zu drei Viertel mit der Füllung bestreichen. Den Strudel mithilfe des Tuches von unten nach oben aufrollen und auch die Naht vor dem Verschließen einfetten. Die abgeschnittenen Teigreste verkneten und einfrieren.

5 Strudel mit der Nahtseite nach unten auf das mit Backpapier belegte Backblech setzen. Mit Butter bestreichen und mit einer Gabel mehrmals vorsichtig anstechen. Strudel 30 Minuten backen. Herausnehmen und nach Belieben mit Puderzucker und Pistaziengrieß dekorieren.

Mein Tipp Ein »Strudeltuch« sollte aus Baumwollstoff sein und eine Länge von ca. 1,20 Meter haben. Beispielsweise kann man ein Bettlaken, eine Tischdecke oder ein Geschirrtuch verwenden.

Zutaten für 1 Strudel

Für den Teig
300 g doppelgriffiges Mehl (Wiener Griessler)
2 TL Kakaopulver
50 ml neutrales Öl
1 Prise Salz
½ TL Essig
1 Eigelb, Öl für die Teigkugel

Für die Füllung
120 g Zartbitterkuvertüre (60-70 % Kakao)
3 Eier (Größe M, Raumtemperatur)
80 g weiche Butter
80 g Zucker
2–3 Messerspitzen Orangenabrieb
1 Päckchen Bourbon-Vanillezucker
1 Prise Salz
80 g gemahlene Mandeln
25 g Bitterschokolade, klein gehackt
80 g Biskotten (Löffelbiskuits), zerbröselt
2 EL Sahne

Zum Fertigstellen
30 g Butter, Puderzucker
Pistaziengrieß

Außerdem
1 Strudeltuch zum Aufrollen
Mehl für das Tuch

Zubereitungszeit 55 Min.
Ruhezeit 24 Std.
Backzeit 30 Min.

Kartoffel-Karotten-Walnuss-Strudel

Zutaten für 1 Strudel

Für die Füllung

400 g mehligkochende
Kartoffeln

Salz

80 g Walnüsse

300 g Karotten

2 Eigelb

110 g Butter

100 g Zucker

Abrieb von ¼ Biozitrone

20 g Rosinen

Für den Teig

300 g doppelgriffiges Mehl
(Wiener Griessler)

50 ml Pflanzenöl

1 Prise Salz

½ TL Essig

1 Eigelb

Öl für die Teigkugel
(wahlweise Fertigteig-
strudelblätter)

Zum Fertigstellen

40 g Butter zum Bestreichen

Außerdem

1 Strudeltuch zum Aufrollen

Mehl für das Tuch

**Zubereitungszeit 1 Std.
plus Kartoffelkochen
am Tag zuvor
Ruhezeit 24 Std.
Backzeit 50–55 Min.**

1 Am Vortag die Kartoffeln mit Schale in Wasser mit etwas Salz in etwa 20 Minuten weich kochen.

2 Für den Teig am Vortag Mehl, Öl, 150 Milliliter heißes Wasser, Salz, Essig und Eigelb vermischen und ca. 10 Minuten lang durchkneten. Den Teig zu einer Kugel formen, mit etwas Öl einreiben, in Klarsichtfolie einschlagen und 24 Stunden ruhen lassen.

3 Backofen vorheizen auf 180 °C (Umluft 160 °C, Gas Stufe 2–3). Ein Backblech mit Backpapier auslegen.

4 Für die Füllung die Walnüsse hacken. Die gekochten Kartoffeln pellen, die rohen Karotten schälen und beides auf einer Küchenreibe grob reiben. Eigelb, Butter und Zucker schaumig aufschlagen. Mit Zitronenabrieb würzen. Walnüsse, Rosinen, Kartoffeln- und Karottenraspel unter die Eimasse heben.

5 Butter zum Bestreichen schmelzen. Ein Strudeltuch mit Mehl bestäuben. Den Teig darauf hauchdünn ausrollen und auf eine Größe von ca. 60 x 60 Zentimeter zuschneiden. Mit Butter bestreichen. Die Kartoffelmasse auf die untere Teigfläche verteilen und zum Rand nach oben etwas Platz freilassen. Den Strudel mithilfe des Tuches von unten nach oben aufrollen und auch die Naht vor dem Verschließen mit Butter bestreichen. Die abgeschnittenen Teigreste verkneten und einfrieren.

6 Den Strudel mit der Nahtseite nach unten auf das mit Backpapier belegte Backblech legen und mit Butter bestreichen. Strudel 45 bis 50 Minuten backen und während der Backzeit zweimal mit Butter bestreichen.

Mein Tipp Dazu die Walnusssauce von Seite 128 genießen.

Birnenstrudel

Zutaten für 1 Strudel

Für die Füllung

550 g aromatische, nicht zu
feste Birnen (netto 450 g)

5 g frischer Ingwer

100 g eingemachte Preiselbeeren (aus dem Glas)

2 EL Zucker

½ TL Zimtpulver

2 EL Zitronensaft

Für den Teig

125 ml Milch

80 g Zucker

20 g Hefe

270 g Mehl

1 Prise Salz

40 g Butter

1 Eigelb

Zum Fertigstellen

40 g Butter zum Bestreichen

3-4 EL Semmelbrösel

Puderzucker zum Bestäuben

Außerdem

Mehl für die Arbeitsfläche

Zubereitungszeit 50 Min.
Marinierzeit 1 Std.
Backzeit 30 Min.

1 Für die Füllung die Birnen schälen, vierteln und entkernen. 450 Gramm Fruchtfleisch in Würfel schneiden. Ingwer schälen und fein schneiden. Birnen, Preiselbeeren und Zucker mischen. Die Früchte mit Ingwer, Zimt und Zitronensaft würzen. Mit Klarsichtfolie abdecken und 1 Stunde marinieren lassen.

2 Den Backofen auf 50 °C erwärmen. Für den Teig die Milch mit 2 Esslöffel Zucker lauwarm erwärmen. Die Hefe hineinbröckeln und unter Rühren darin auflösen. In einer Schüssel Mehl, Salz und den restlichen Zucker vermischen. Butter in Stückchen dazugeben, das Eigelb und die Hefemilch zufügen. Alles zu einem glatten Teig verkneten. Teig zu einer Kugel formen, in die Schüssel legen, mit Mehl bestäuben und mit einem Tuch abdecken. Den Teig zum Gehen 40 Minuten in den Backofen stellen, dabei einen Kochlöffel in die Tür stecken.

3 Die Birnenmischung über einem Sieb abtropfen lassen. Butter zum Bestreichen schmelzen lassen. Teig aus dem Backofen nehmen und die Temperatur auf 180 °C (Umluft 160 °C, Gas Stufe 2–3) erhöhen. Ein Backblech mit Backpapier auslegen.

4 Teig kurz durchkneten und auf einer bemehlten Arbeitsfläche auf eine Größe von ca. 30 x 40 Zentimeter dünn ausrollen. Mit etwas flüssiger Butter bestreichen. In die Mitte des Teiges einen Streifen von 2 Esslöffel Semmelbrösel streuen. Darauf die Birnenfüllung verteilen. Obenauf die restlichen Semmelbrösel geben. Beide Teigseiten übereinander klappen, dabei die Enden aber nicht einschlagen. Den Strudel mit Butter bestreichen.

5 Strudel mit der Nahtseite nach unten auf das Backblech legen. Die Oberfläche mit der restlichen Butter bestreichen und mehrmals mit einer Gabel einstechen. Strudel 30 Minuten backen. Herausnehmen und mit Puderzucker bestäuben.

Mein Tipp Hierzu passt die Walnusssauce von Seite 128.

Mohnrolle

1   Für den Teig die Milch mit 2 Esslöffel Zucker lauwarm erwärmen. Die Hefe hineinbröckeln und unter Rühren darin auflösen. In einer Schüssel Mehl und restlichen Zucker vermischen. Butter in Stückchen und Eigelb dazugeben. Hefemilch darübergießen und alles zu einem glatten Teig verkneten. Teig zu einer Kugel formen, mit Mehl bestäuben, abdecken und an einem warmen Ort ca. 40 Minuten gehen lassen.

2   Für die Füllung Milch, Sahne, Zucker und Zitronenabrieb in einem Topf mischen und aufkochen. Mohn dazugeben, die Hitzezufuhr auf schwache Hitze reduzieren und alles unter Rühren mit einem Schneebesen zu Mus kochen, bis die Flüssigkeit ganz verdampft ist. Beiseite stellen und etwas abkühlen lassen.

3   Erdbeer-Fruchtaufstrich erhitzen und durch ein Sieb passieren.

4   Ein Backblech mit Backpapier auslegen. Den Teig kurz auf einer bemehlten Arbeitsfläche durchkneten und zu einem Rechteck von ca. 30 x 35 Zentimeter Größe ausrollen. Darauf zuerst das Erdbeermus und dann die Mohnfüllung verstreichen. Den Teig aufrollen und mit der Nahtseite nach unten auf das Backblech legen. Erneut 20 Minuten gehen lassen.

5   Backofen vorheizen auf 170 °C (Umluft 150 °C, Gas Stufe 2).

6   Butter zum Bestreichen schmelzen. Die Teigrolle mit Butter bestreichen und rundum mit einer Gabel in einem Abstand von ca. 5 Zentimeter einstechen. Die Mohnrolle in den Backofen auf die zweite Schiene von unten schieben und 40 bis 45 Minuten backen. Zwischendurch mit der restlichen Butter bestreichen. Herausnehmen und noch warm mit Puderzucker bestäuben.

Zutaten für 1 Rolle

Für den Teig
125 ml Milch
80 g Zucker
20 g Hefe
350 g doppelgriffiges Mehl
(+ 40 g nach Bedarf)
(Wiener Griessler)
150 g Butter
2 Eigelb (M)

Für die Füllung
140 ml Milch
140 g Sahne
2 EL Zucker
Abrieb von ½ Biozitrone
100 g gemahlener Mohn
100 g Erdbeer-Fruchtaufstrich

Zum Fertigstellen
20 g Butter zum Bestreichen
Puderzucker zum Bestäuben

Außerdem
etwas Mehl

Zubereitungszeit 45 Min.
Backzeit 40–45 Min.

Mit Feigen und Marzipan gefüllte Rolle

Zutaten für 1 Rolle

Für den Teig

120 g Schichtkäse
80 g weiche Butter
80 g Zucker
Abrieb von ¼ Biozitrone
1 Ei
250 g Mehl
½ Päckchen Backpulver

Für die Füllung

120 g Marzipanrohmasse
60 g Puderzucker
1 Eigelb
1 EL Vanillezucker
3-4 EL Orangensaft
80 g Soft-Feigen
1 EL Mandellikör
(z. B. Amaretto)

Zum Fertigstellen

40 g Butter zum Bestreichen
Puderzucker zum Bestäuben

Außerdem

1 Kastenform à 35 x 15 cm
Butter für die Form
etwas Mehl

Zubereitungszeit 45 Min.
Backzeit 35–40 Min.

1 Für den Teig den Schichtkäse in ein Sieb geben und gut abtropfen lassen.

2 Für die Füllung das Marzipan auf einer Küchenreibe grob raspeln. Puderzucker darüber sieben. Eigelb, Vanillezucker und Orangensaft zufügen und alles zu einer glatten Masse verrühren. Feigen klein würfeln und unter die Marzipanmasse mischen. Mit Mandellikör würzen.

3 Backofen vorheizen auf 180 °C (Umluft 160 °C, Gas Stufe 2–3). Eine Kastenform mit Butter einfetten.

4 Für den Teig Butter, Zucker und Zitronenabrieb in einer Schüssel schaumig aufschlagen. Das Ei unterrühren. Den Schichtkäse nur kurz unter die Masse heben, ohne lang zu rühren. Das Mehl mit dem Backpulver mischen und zur Masse geben. Alles zu einem glatten Teig verkneten. Den Teig auf einer bemehlten Arbeitsfläche zu einem Rechteck von ca. 30 x 40 Zentimeter ausrollen.

5 Die Füllung mit einer Palette auf dem Teig verteilen, dabei zum oberen Rand hin etwas Platz lassen. Den Teig von unten her aufrollen. Die Rolle mit der Nahtseite nach unten in die Kastenform legen, in den vorgeheizten Backofen stellen und 35 bis 40 Minuten backen. Nach Bedarf die Oberseite mit Alufolie abdecken.

6 Butter zum Bestreichen schmelzen. Die Rolle (noch heiß) vorsichtig aus der Form nehmen, rundum mit der flüssigen Butter einpinseln, auf ein Kuchengitter setzen und leicht abkühlen lassen.

7 Die restliche Butter nochmals erwärmen und die Rolle bestreichen. Von allen Seiten mit Puderzucker bestäuben.

Mein Tipp *Die Rolle kann gut 1 Tag ziehen, bevor sie gegessen wird! Zum Aromatisieren der Füllung kann man auch Rumrosinen oder Orangenlikör anstatt Mandellikör nehmen.*

Dattelstrudel

Zutaten für 1 Strudel

Für den Teig

300 g doppelgriffiges Mehl
(Wiener Griessler)
2 TL Kakaopulver
50 ml Pflanzenöl
1 Prise Salz
½ TL Essig
1 Eigelb
Öl für die Teigkugel

Für den Karamell

80 g Zucker
100 g Sahne
10 g Butter
1 Prise Salz

Für die Füllung

400 g Datteln mit Stein
(netto 350 g)
70 g gemahlene Mandeln
ausgekratztes Mark von
½ Vanilleschote
½ TL Zimtpulver
Abrieb von ½ Biozitrone
60 g saure Sahne
1 EL Zitronensaft

Zum Fertigstellen

30 g Butter zum Bestreichen
Puderzucker zum Bestäuben

Außerdem

1 Strudeltuch zum Aufrollen
Mehl für das Tuch

Zubereitungszeit 1 Std.
Ruhezeit 24 Std.
Backzeit 35–40 Min.

1 Für den Teig am Vortag Mehl und Kakaopulver sieben. 150 Milliliter heißes Wasser, Öl, Salz, Essig und Eigelb zufügen. Mit den Knethaken eines Handrührgerätes vermischen. Mit den Händen ca. 10 Minuten lang durchkneten. Teig zu einer Kugel formen, mit Öl einreiben, in Klarsichtfolie wickeln. 24 Stunden ruhen lassen.

2 Für den Karamell Zucker in einem Topf goldfarben karamellisieren lassen. Sahne aufgießen. Unter Rühren und Zugabe von Butter und Salz dick-cremig einkochen; das dauert ca. 10 Minuten. Karamellmasse auf ein Blatt Backpapier gießen und erkalten lassen.

3 Backofen vorheizen auf 180 °C (Umluft 160 °C, Gas Stufe 2–3). Ein Backblech mit Backpapier auslegen. Butter zum Bestreichen des Strudelteiges zerlassen.

4 Für die Füllung die Datteln halbieren und entsteinen. 350 Gramm Fruchtfleisch abwiegen und in grobe Stücke schneiden. Mit Mandeln, Vanillemark, Zimt und Zitronenabrieb verrühren. Saure Sahne und Zitronensaft unterheben.

5 Karamell mit einem scharfen Messer in 1 bis 2 Zentimeter große Stücke schneiden. 80 Gramm von den Karamellstücken abwiegen und mit der Dattelfüllung mischen.

6 Strudeltuch mit Mehl bestäuben. Teig darauf hauchdünn ausrollen und auf ca. 50 x 50 Zentimeter Größe zuschneiden. Mit Butter bestreichen. Von unten an drei Viertel des Teiges mit der Füllung bestreichen. Den Strudel mithilfe des Tuchs von unten nach oben aufrollen und auch die Naht vor dem Verschließen mit Butter bestreichen. Die abgeschnittenen Teigreste verkneten und einfrieren.

7 Den Strudel mit der Nahtseite nach unten auf das Backblech legen und mit Butter bestreichen. Im Backofen 35 bis 40 Minuten backen und zwischendurch mit der restlichen Butter bestreichen. Herausnehmen und mit Puderzucker bestäuben.

Brombeerstrudel

1 Den gekauften Strudelteig aus der Packung nehmen.

2 Backofen vorheizen auf 180°C (Umluft 160°C, Gas Stufe 2–3). Ein Backblech mit Backpapier auslegen.

3 Für die Füllung Semmelbrösel, Zucker und Zimt vermischen. Die Butter in einer Pfanne zerlassen und die Brösel darin goldfarben anrösten. Die Brombeeren verlesen, kurz abbrausen und trockentupfen. Mit ca. 20 Gramm der lauwarmen Brösel vermischen.

4 Butter zum Bestreichen zerlassen. Einen Pinsel bereithalten.

5 Ein Strudeltuch befeuchten und auf eine Arbeitsfläche legen. Ein Strudelblatt darauf ausbreiten und mit zerlassener Butter einstreichen. Das zweite Strudelblatt etwas versetzt darauf legen und ebenfalls mit Butter bestreichen. Das untere Drittel des Teiges mit den restlichen Bröseln bestreuen, dabei an den Seitenrändern etwas Platz lassen. Mandelblättchen und Brombeeren auf den Bröseln verteilen. Mit einer feinen Reibe die Zitronenschale großflächig über die Füllung reiben. Den Strudelteig mithilfe des Tuches von unten nach oben aufrollen und auch die Naht mit etwas Butter vor dem Verschließen bestreichen. Die Strudelenden einschlagen.

6 Den Strudel mit der Nahtseite nach unten auf das Backblech legen und mit Butter oder Nussbutter bestreichen. In den Backofen schieben und für 20 bis 25 Minuten goldbraun backen. Herausnehmen und vor dem Servieren mit Puderzucker bestäuben.

Mein Tipp Wahlweise die Semmelbrösel ersetzen durch Amaretti- oder Spekulatiusbrösel. Statt Mandelblättchen kann man auch gehackte Pistazien verwenden.

Mein Tipp Dieses Rezept ist ein Beispiel für die Verwendung von Fertigteig. Selbstverständlich können Sie auch einen frischen Teig selbst machen, und zwar nach dem Rezept von Seite 52.

Zutaten für 1 Strudel

Für den Teig
2 Blätter Strudelteig
à 38 x 38 cm Kantenlänge
(Fertigprodukt aus dem
Kühlregal)

Für die Füllung
50 g Semmelbrösel
2–3 EL Zucker (je nach
Eigensüße der Beeren)
¼ TL Zimtpulver
40 g Butter
450 g Brombeeren
(mittlere Größe)
20 g Mandelblättchen
¼ Biozitrone

Zum Fertigstellen
50 g Butter oder Nussbutter
(siehe Seite 125)
Puderzucker zum Bestäuben

Außerdem
1 Strudeltuch zum Aufrollen

Zubereitungszeit 35 Min.
Backzeit 20–25 Min.

Strudelbonbons mit Zwetschgen

1 Backofen vorheizen auf 180 °C (Umluft 160 °C, Gas Stufe 2–3). Ein Backblech mit Backpapier auslegen.

2 Für die Füllung die Zwetschgen halbieren, entsteinen, 300 Gramm abwiegen und klein würfeln. Mit Piment, Vanillemark und Honig vermischen.

3 Das Marzipan in einer Schüssel zu kleinen Stücken bröseln und mit der Butter verrühren, sodass eine gebundene Masse entsteht. Nach und nach Ei und Eigelb unterrühren. Zuletzt die Semmelbrösel mit einem Teigspatel unter die cremige Masse unterarbeiten.

4 Butter zerlassen und einen Pinsel bereitlegen. Eigelb und Sahne miteinander verquirlen.

5 Ein Strudeltuch mit Mehl bestäuben. Nacheinander jedes Teigblatt darauf legen und in 4 gleich große Teigstücke schneiden. Rasch mit der geschmolzenen Butter bestreichen. In die Mitte ca. 1 Teelöffel der Marzipanmasse grob zu einem Streifen verstreichen. Pimentkörner aus den marinierten Zwetschgen entfernen. Auf die Marzipanmasse je ca. 2 Teelöffel der Zwetschgenwürfel verteilen.

6 Jedes Strudelstück einzeln aufrollen, an der Nahtseite mit etwas verquirlter Sahne-Ei-Mischung bestreichen und an den Enden etwas zusammendrücken.

7 Die gefüllten Bonbons auf das Backblech legen und mit der restlichen Sahne-Ei-Mischung bestreichen. Das Backblech in den Backofen geben und die Bonbons in 10 bis 12 Minuten goldgelb backen.

8 Die Gebäckstücke herausnehmen, auf einem Kuchengitter abkühlen lassen und nach Belieben mit Puderzucker bestäuben.

Zutaten für 16 Stück

Für die Füllung
450 g Zwetschgen
(netto 300 g)
2 Pimentkörner
2 Messerspitzen Vanillemark
1 TL Honig
70 g Marzipanrohmasse
70 g weiche Butter
1 Ei (Größe L, Raumtemperatur)
1 Eigelb (Raumtemperatur)
2 EL Semmelbrösel

Für den Teig
4 Filoteigblätter
à 30 x 31 cm (Fertigprodukt aus dem Kühlregal)

Zum Fertigstellen
40 g Butter zum Bestreichen
1 Eigelb
1 EL Sahne
Puderzucker zum Bestäuben

Außerdem
1 Strudeltuch zum Aufrollen
Mehl für das Tuch

Zubereitungszeit 45 Min.
Backzeit 10–12 Min.

Lebkuchenpotitze

Zutaten für 1 Stück

Für den Teig

120 ml Milch
80 g Zucker
20 g Hefe
370 g Mehl
(+ 20 g nach Bedarf)
150 g Butter
2 Eigelb (Größe L)

Für die Füllung

100 g Pfeffernüsse (ohne
Obladenboden und Glasur),
wahlweise Lebkuchen
60 g Bananenchips
50 g weiche Butter
40 g Honig
80 g Sauerrahm
1 Spritzer Orangensaft
¼ TL Abrieb von 1 Bioorange
20 g Korinthen

Zum Fertigstellen

20 g Butter zum Bestreichen
Puderzucker und Kakao-
pulver zum Bestäuben

Außerdem

etwas Mehl
1 Kastenform à 35 x 15,5 cm
Butter für die Form

Zubereitungszeit 50 Min.
Ruhezeit 70 Min.
Backzeit 50–60 Min.

1 Für den Teig die Milch mit 2 Esslöffel Zucker lauwarm erwärmen. Die Hefe hineinbröckeln und unter Rühren darin auflösen. In einer Schüssel das Mehl mit dem restlichen Zucker vermischen. Butter in Stückchen und Eigelb dazugeben, die Hefemilch zufügen und alles zu einem glatten Teig verkneten. Den Teig zu einer Kugel formen, mit etwas Mehl bestäuben, mit einem Tuch abdecken und an einem warmen Ort 40 Minuten gehen lassen.

2 Für die Füllung Pfeffernüsse sehr klein würfeln. Bananenchips hacken. Butter, Honig und Sauerrahm verrühren, mit Orangensaft und -abrieb würzen. Korinthen und Bananenchips untermischen.

3 Den Teig auf einer bemehlten Arbeitsfläche kurz durchkneten und dann zu einem Rechteck von ca. 40 x 30 Zentimeter ausrollen. Die Hälfte der Sauerrahmcreme-Bananen-Masse auf der Teigfläche verstreichen, dabei einen kleinen Mittelstreifen freilassen. Darauf die Pfeffernusswürfelchen und den Rest der Füllung verteilen. Den Teig von beiden Längsseiten her jeweils zur Mitte hin aufrollen.

4 Eine Kastenform ausbuttern. Die Teigrolle mit den beiden Enden nach oben zeigend in die Form legen, mit zerlassener Butter bestreichen und weitere 30 Minuten gehen lassen.

5 Backofen vorheizen auf 180 °C (Umluft 160 °C, Gas Stufe 2–3).

6 Die Potitze auf der zweiten Schiene von unten im Backofen 50 bis 60 Minuten backen. Nach Bedarf mit Alufolie abdecken.

7 Herausnehmen, abkühlen lassen, aus der Form stürzen und mit einer Mischung aus Puderzucker und Kakaopulver bestäuben.

Mein Tipp Als Alternative können Sie den Teig auch nur als Rolle verarbeiten. Um das Lebkuchenaroma nach Bedarf zu verstärken, verwende ich im Teig ½ bis 1 Teelöffel Lebkuchengewürz.

Apfelstrudel
mit Pumpernickelbrösel

Zutaten für 1 Strudel

Für den Teig

300 g doppelgriffiges Mehl
(Wiener Griessler)
50 ml neutrales Öl
(z. B. Sonnenblumen-
oder Rapsöl)
1 Prise Salz
½ TL Essig
1 Eigelb
Öl für die Teigkugel
(wahlweise Fertigteig-
strudelblätter)

Für die Füllung

600 g aromatische Äpfel
(z. B. Boskop, Topaz)
2 EL Zucker
½ TL Zimtpulver
1 Prise Nelkenpulver
2 EL Zitronensaft
50 g Biskotten
(Löffelbiskuits)
40 g Pumpernickel
30 g gemahlene Walnüsse
30 g Butter
1 ½ EL Puderzucker
30 g Korinthen

Zum Fertigstellen

80 g Butter zum Bestreichen
Puderzucker zum Bestäuben

Außerdem

1 Strudeltuch zum Aufrollen
Mehl für das Tuch

Zubereitungszeit 45 Min.
Ruhezeit 24 Std.
Backzeit 40 Min.

1 Für den Teig Mehl, Öl, 150 Milliliter heißes Wasser, Salz, Essig und Eigelb mit den Knethaken eines Handrührgerätes vermischen und dann mit den Händen ca. 10 Minuten lang durchkneten. Teig zu einer Kugel formen, mit Öl einreiben und in Klarsichtfolie einschlagen. 24 Stunden ruhen lassen.

2 Backofen vorheizen auf 180 °C (Umluft 160 °C, Gas Stufe 2–3). Ein Backblech mit Backpapier auslegen.

3 Für die Füllung die Äpfel halbieren, vierteln, schälen, entkernen und das Fruchtfleisch blättrig schneiden. In einer Schüssel mit Zucker, Zimt, Nelkenpulver und Zitronensaft vermischen.

4 Biskotten, Pumpernickel und Walnüsse mit einem Stabmixer oder in einer Küchenmaschine miteinander fein vermahlen. In einer Pfanne 30 Gramm Butter schmelzen und die Brösel mit Puderzucker darin goldgelb anbraten.

5 Butter zum Bestreichen zerlassen. Einen Pinsel bereitlegen.

6 Ein Strudeltuch mit Mehl bestäuben. Den Teig darauf hauchdünn ausrollen und auf eine Größe von ca. 60 x 60 Zentimeter zuschneiden. Den Teig mit der zerlassenen Butter bestreichen. Von unten an drei Viertel des Teiges mit den Bröseln, Apfelscheiben und Korinthen belegen. Den Strudel mithilfe des Tuches von unten nach oben aufrollen und auch die Naht vor dem Verschließen einfetten. Die abgeschnittenen Teigreste verkneten und einfrieren.

7 Den Strudel mit der Nahtseite nach unten auf das Backblech legen und mit Butter bestreichen. Das Backblech in den Backofen geben und den Strudel 40 Minuten goldgelb backen, dabei zweimal mit Butter bestreichen. Herausnehmen und nach Belieben mit Puderzucker bestäuben und lauwarm servieren.

Quittenstrudel

1 Für die Streusel in einer Schüssel Mehl, Zucker, Zitronenabrieb und Walnüsse vermischen. Die kalte Butter in Stückchen dazugeben und alles locker zu Streuseln verkrümeln. Streusel mindestens 40 Minuten kalt stellen.

2 Backofen vorheizen auf 180 °C (Umluft 160 °C, Gas Stufe 2–3). Ein Backblech mit Backpapier auslegen.

3 Für die Füllung die Quitten halbieren, vierteln, schälen, entkernen und das Fruchtfleisch in kleine Würfel schneiden. In einer Schüssel mit dem Zitronensaft und 2 bis 3 Esslöffel Zucker vermischen. Die Butter in einem Topf zerlassen und die Quittenwürfel darin 3 bis 4 Minuten anbraten. Mit dem Fruchtsaft begießen, Gewürze hinzufügen und weitere 4 Minuten köcheln lassen.

4 Butter zum Bestreichen zerlassen. Ei und Sahne miteinander verquirlen.

5 Ein Strudeltuch befeuchten und auf eine Arbeitsfläche legen. Ein Strudelblatt darauf ausbreiten und mit zerlassener Butter einstreichen. Das zweite Strudelblatt in einem Abstand von 3 Zentimeter etwas versetzt darauf legen und ebenfalls mit Butter bestreichen. Die Hälfte der Streusel auf der Teigfläche verteilen, dabei zum oberen Teigrand etwas Platz lassen. Darauf die Quittenwürfel und darüber die restlichen Streusel verteilen. Den Strudel mithilfe des Strudeltuchs aufrollen und die Naht mit der verquirlten Eier-Sahne-Mischung bestreichen.

6 Den Strudel mit der Nahtseite nach unten auf das Backblech legen und die Oberfläche mit Butter bestreichen. Im Backofen in 20 bis 25 Minuten goldfarben backen. Herausnehmen und lauwarm genießen.

Mein Tipp Dazu schmeckt die Walnusssauce von Seite 128.

Zutaten für 1 Strudel

Für die Streusel
50 g Mehl
50 g brauner Zucker
Abrieb von ¼ Biozitrone
50 g gemahlene Walnüsse
50 g kalte Butter

Für die Füllung
600 g Quitten
Saft von ½ Zitrone
2–3 EL Zucker
20 g Butter
80 ml Birnen- oder Apfelsaft (z. B. von van Nahmen)
ausgekratztes Mark von ½ Vanilleschote
1 Anisstern
1 Zimtsplitter (kleines Stück einer zerbrochenen Zimtstange)

Für den Teig
2 Blätter Yufka- oder Strudelteig à 30 x 31 cm Kantenlänge (Fertigprodukt aus dem Kühlregal)

Zum Fertigstellen
30 g Butter zum Bestreichen
1 Ei
1 EL Sahne

Außerdem
1 Strudeltuch zum Aufrollen

Zubereitungszeit 45 Min.
Ruhezeit 40 Min.
Backzeit 20–25 Min.

Vom Blech

Klassisch viel Obst auf feinem Teig,
umschmeichelt von zarten Cremes oder
gekrönt mit üppigen Streuseln. Die
nachfolgenden Kreationen
sind alltagstauglich und äußerst
verführerisch zugleich.

Heferöschen

Zutaten für 12–14 Stücke

Für den Teig
125 ml Milch
50 g Zucker
20 g Hefe
250 g Mehl
1 Prise Salz
40 g Butter

Zum Fertigstellen
7 TL Zucker
1 TL Zimtpulver
3 TL Kakaopulver (ungesüßt)
30 g Butter zum Bestreichen
3-4 EL Puderzucker

Außerdem
etwas Mehl
1 Springform à 26 cm
Durchmesser
Butter für die Form

Zubereitungszeit 30 Min.
Backzeit 30–35 Min.

1 Backofen auf 50 °C erwärmen. Für den Teig die Milch mit 2 Esslöffel Zucker lauwarm erwärmen. Hefe hineinbröckeln und unter Rühren darin auflösen. In einer Schüssel Mehl, den restlichen Zucker und Salz vermischen. Butter in Stückchen dazugeben, Hefemilch zufügen und alles zu einem glatten Teig verkneten. Teig zu einer Kugel formen, in der Schüssel mit etwas Mehl bestäuben und mit einem Tuch abdecken. Den Teig zum Gehen für 30 Minuten in den Backofen stellen, dabei einen Kochlöffel in die Tür stecken.

2 Zucker, Zimt und Kakaopulver mischen. Die Butter in einem Topf zerlassen.

3 Den aufgegangenen Teig aus dem Backofen nehmen. Die Backofentemperatur auf 180 °C (Umluft 160 °C, Gas Stufe 2–3) erhöhen. Eine Springform mit Butter einfetten.

4 Den Teig auf einer bemehlten Arbeitsfläche nochmals kurz durchkneten und ca. 3 Millimeter dünn zu einem Rechteck von ca. 30 x 40 Zentimeter ausrollen. Den Teig mit etwas Butter einpinseln. Die Schoko-Zimt-Mischung darüber verteilen.

5 Den Teig eng zu einer Rolle zusammenrollen. Aus der Rolle ca. 3 Zentimeter dicke Scheiben schneiden und diese, von der Mitte aus beginnend, im Uhrzeigersinn kreisförmig in die Springform legen. Nochmals 10 Minuten gehen lassen. Die Oberflächen der »Röschen« mit der restlichen Butter bestreichen.

6 Die Form in den Backofen stellen und die Heferöschen 30 bis 35 Minuten backen. Abdecken, falls die Oberfläche zu dunkel wird.

7 Aus dem Backofen nehmen. Den Puderzucker mit 3 bis 4 Esslöffel Wasser dickflüssig anrühren und den Kuchen noch heiß in der Form damit bestreichen.

Mandelbiskuit mit Beeren

1 Für die Sauce Himbeeren und Brombeeren verlesen, waschen und trockentupfen. Mit Zucker bestreuen und fein pürieren. Durch ein Sieb streichen und das aufgefangene Püree beiseite stellen. Die Beeren für den Belag verlesen und nach Bedarf putzen.

2 Für die Creme Marzipan klein schneiden. Speisestärke sieben, Zucker, Vanillezucker, Eigelb und 100 Milliliter Milch dazugeben und alles glatt rühren. Die restliche Milch erhitzen, von der Kochstelle nehmen und die angerührte Vanillemilch einrühren. Erneut kurz unter Rühren aufkochen lassen. Den Topf beiseite ziehen. Marzipan und Orangenabrieb unter Rühren in der heißen Masse auflösen. Die Creme mit Klarsichtfolie abdecken, damit sich keine Haut bildet. Beiseite stellen und abkühlen lassen.

3 Backofen vorheizen auf 220 °C (Umluft 200 °C, Gas Stufe 4–5). Ein Backblech mit Backpapier auslegen und darauf Zucker und Mandelblättchen streuen.

4 Für den Teig die Eier trennen. Eigelb mit 50 Gramm Zucker hellschaumig aufschlagen. Den restlichen Zucker mit der Speisestärke mischen. Eiweiß zu Eischnee steif schlagen und dabei die Zucker-Stärke-Mischung löffelweise zugeben. Eischnee unter die Eigelbmasse heben. Mehl und Mandelmehl darauf sieben und unterziehen.

5 Die Biskuitmasse auf dem Backblech verteilen und im Backofen 10 Minuten backen. Etwas abkühlen lassen.

6 Vanillecreme auf dem Boden verstreichen und darüber die Beerensauce geben. Die Beeren auf dem Kuchen verteilen. Den Kuchen auf dem Blech in Stücke schneiden und servieren.

Mein Tipp Das Backblech nicht mit Butter einfetten, der Teig »rutscht« sonst ab. Wer mag, garniert den Kuchen noch mit klein gehackten Pistazien oder frischen Minzeblättchen.

Zutaten für 1 Backblech

Für die Sauce
200 g Himbeeren
30 g Brombeeren
1 EL brauner Zucker

Für die Creme
60 g Marzipanrohmasse
30 g Speisestärke
4 EL Zucker
1 Päckchen Bourbon-Vanillezucker
3 Eigelb (Größe M)
400 ml Milch
2 Prisen Orangenabrieb

Für den Belag
100 g Himbeeren
100 g Heidelbeeren
50 g rote Johannisbeeren
50 g schwarze Johannisbeeren

Für den Teig
6 Eier
90 g Zucker
20 g Speisestärke
80 g Mehl
40 g Mandelmehl
(z. B. von Bos Food)

Außerdem
1 Backblech à 38 x 24 cm
2–3 EL Zucker
2 EL Mandelblättchen

Zubereitungszeit 1 Std.
Backzeit 10 Min.

Apfel-Rhabarber-Streusel

Zutaten für 1 Backblech

Für die Streusel

60 g Rohrzucker
130 g Mehl
100 g kalte Butter
Abrieb von ¼–½ Biozitrone
2 Messerspitzen Zimtpulver

Für den Teig

300 g Mehl
50 g Zucker
140 g Butter
1 Ei (Größe M)
1 Prise Salz

Für den Belag

150 g rotstieliger Rhabarber
(netto 120 g)
800 g Äpfel (netto 550 g)
1-2 EL Zitronensaft

Für den Pudding

1 ½ Päckchen Vanillepudding
300 ml Milch
3 EL Zucker
400 g Sahne

Außerdem

1 Backblech à 38 x 24 cm
Butter für das Backblech

Zubereitungszeit 1 Std.
Backzeit 45–50 Min.

1 Für die Streusel Zucker, Mehl, Butter in Stückchen, Zitronenabrieb und Zimt mischen und mit den Fingern zu Streuseln krümeln. Abdecken und ca. 45 Minuten in den Kühlschrank stellen.

2 Für den Teig das Mehl auf eine Arbeitsfläche sieben und in der Mitte eine Mulde formen. Zucker, Butter in Stücken, Ei und Salz zufügen. Alles zu einem glatten Teig verkneten. Zu einem Rechteck formen, in Klarsichtfolie einwickeln und 40 Minuten kalt stellen.

3 Rhabarber waschen, putzen, 120 Gramm Fruchtfleisch abwiegen und in kleine Stücke schneiden. Äpfel schälen, halbieren, vierteln, entkernen und 550 Gramm abwiegen. In nicht zu dicke Spalten schneiden. Mit dem Zitronensaft vermischen und beiseite stellen.

4 Backofen vorheizen auf 180 °C (Umluft 160 °C, Gas Stufe 2–3). Ein Backblech mit Butter einpinseln.

5 Das Puddingpulver mit 150 Milliliter Milch und Zucker glatt rühren. Restliche Milch mit der Sahne in einem Topf zum Kochen bringen, die Puddingpulvermischung einrühren und kochen. Die noch warme Masse abdecken und beiseite stellen.

6 Den Teig auf einer bemehlten Arbeitsfläche dünn ausrollen, auf das Backblech legen und mit einer Gabel mehrmals einstechen. In den Backofen schieben und 5 Minuten anbacken. Herausholen und den noch warmen Pudding auf dem vorgebackenen Teigboden verstreichen. Apfelspalten ziegelartig auflegen und die Rhabarberstücke darauf verteilen. Die Streusel darüber streuen.

7 Erneut in den Backofen geben und den Kuchen 45 bis 50 Minuten backen, bis die Streusel eine schöne goldene Farbe haben.

Mein Tipp Schmeckt lauwarm auch sehr gut. Vor dem Servieren mit einer Puderzucker-Zimt-Mischung bestäuben. Der Kuchen kann auch sehr gut eingefroren werden.

Hippy Orange

1   Backofen vorheizen auf 180 °C (Umluft 160 °C, Gas Stufe 2–3). Ein Backblech mit Butter einfetten und mit Zucker bestreuen.

2   Orangen waschen und die Schale mit der weißen Haut abschneiden. Das Fruchtfleisch in ca. 0,5 Zentimeter dicke Scheiben schneiden. Die Orangenscheiben auf dem Backblech verteilen.

3   Die Butter zerlassen und lauwarm abkühlen lassen. Passionsfrüchte halbieren, das Fruchtfleisch durch ein Sieb streichen und den Saft beiseite stellen. Mehl und Backpulver vermischen.

4   Die Eier trennen. Die lauwarm abgekühlte Butter mit Eigelb, Zucker, Vanillemark, Zitronenabrieb und Passionsfruchtsaft verrühren. Eiweiß mit 1 Prise Salz zu Eischnee steif schlagen. Das mit Backpulver vermischte Mehl und den Eischnee im Wechsel unter die Buttermasse heben und alles zu einem glatten Teig verarbeiten.

5   Den Teig über den Orangenscheiben verteilen und verstreichen. In den Backofen schieben und den Kuchen 30 Minuten backen.

6   Das Backblech aus dem Backofen herausholen und den Kuchen vor dem Stürzen mit einem scharfen Messer umranden, sodass er sich gut aus der Form löst. Noch warm auf ein Backblech oder Brett stürzen. Nochmals drehen, damit die Fruchtseite wieder nach oben schaut.

7   Jede zweite Orangenscheibe mit Zucker bestreuen und flambieren, bis der Zucker karamellisiert.

Mein Tipp Um ein hübsches Karamellmuster der Fruchtscheiben zu erreichen, immer direkt nach dem Bestreuen des Zuckers flambieren. Der Kuchen schmeckt auch mit Halbblut- und Blutorangen, dann ist das Aroma etwas herber!

Zutaten für 1 Backblech
1,2 kg Orangen

Für den Teig
320 g Butter
2 Passionsfrüchte
300 g Mehl
2 TL Backpulver
4 Eier (Größe L, Raumtemperatur)
250 brauner Zucker
ausgekratztes Mark von
½ Vanilleschote
Abrieb von ¼ Biozitrone
1 Prise Salz

Zum Flambieren
40 g brauner Zucker

Außerdem
1 Backblech à 38 x 24 cm
Butter und brauner Zucker
für das Backblech
1 Flambierbrenner

Zubereitungszeit 30 Min.
Backzeit 30 Min.

Mohnkuchen mit glasierten Himbeeren

Zutaten für 1 Backblech

Für den Teig

240 g Butter
440 g Mehl
3 TL Backpulver
220 g Zucker
2½ TL Zimtpulver
160 g gemahlener Mohn
4 Eier
240 ml Milch

Für den Belag

ca. 550 g Himbeeren
200 g schwarzes
Johannisbeergelee

Außerdem

1 Backblech à 38 x 24 cm
Butter für das Backblech

Zubereitungszeit 35 Min.
Backzeit 25–30 Min.

1 Backofen vorheizen auf 180 °C (Umluft 160 °C, Gas Stufe 2–3). Ein Backblech mit Butter einfetten.

2 Für den Teig die Butter zerlassen und lauwarm abkühlen lassen. Mehl und Backpulver in eine Schüssel sieben, Zucker, Zimt und Mohn dazugeben und alles miteinander vermischen. Lauwarme Butter, Eier und Milch dazugeben und kurz unterheben.

3 Die Teigmasse auf dem Backblech verteilen. Das Backblech in den Backofen schieben und den Kuchen 25 bis 30 Minuten backen. Herausholen und den Boden abkühlen lassen.

4 Für den Belag die Himbeeren verlesen. Das Gelee erwärmen und, sobald es flüssig ist, die Himbeeren einzeln auf eine Gabel legen und durch das Gelee ziehen. Die nun glasierten Früchte auf den abgekühlten Kuchen setzen. Diesen Vorgang so lange wiederholen, bis der Kuchen gleichmäßig mit Beeren bedeckt ist. Gegebenenfalls mit einem dünnen Pinsel oder einem Spritzbeutel mit feiner Tülle noch etwas Gelee in den Zwischenräumen von Himbeeren und Kuchenboden verteilen; dazu noch etwa 50 Gramm mehr Gelee einrechnen.

Mein Tipp *Dies ist ein sehr feiner und schnell zubereiteter Sommerkuchen. Anstelle von Himbeeren können Sie auch Kirschen oder Aprikosen verwenden. Den Kuchenboden mit frischen Aprikosenhälften belegen. Orangenmarmelade oder Aprikosen-Fruchtaufstrich erwärmen und die Hälften mit einem Pinsel bestreichen. Servieren Sie den Kuchen mit Schlagsahne oder einem Klecks Sauerrahm und bestreuen Sie ihn mit etwas Pistaziengrieß.*

Versunkene Mirabellen

Zutaten für 1 Backblech

Für den Belag

800 g Mirabellen
(netto 600 g)
2–3 EL Zitronensaft

Für den Teig

180 g Zartbitterkuvertüre
(60–70 % Kakao)
140 g sehr weiche Butter
80 g Mehl
1 TL Backpulver
1½ TL Speisestärke
6 Eier (Größe L, Raum-
temperatur)
110 g Puderzucker

Außerdem

1 Backblech à 38 x 24 cm

Zubereitungszeit 30 Min.
Backzeit 25 Min.

1 Backofen vorheizen auf 180 °C (Umluft 160 °C, Gas Stufe 2–3). Ein Backblech mit Backpapier auslegen.

2 Die Mirabellen waschen, an der Nahtseite entlang einschneiden, halbieren und entsteinen. Von den Fruchthälften 600 Gramm abwiegen, in eine Schüssel geben und mit Zitronensaft beträufeln.

3 Für den Teig die Kuvertüre klein hacken und über einem Wasserbad schmelzen. Leicht abkühlen lassen und mit der Butter verrühren. Das Mehl mit dem Backpulver in eine Schüssel sieben und mit Speisestärke vermischen.

4 Eier trennen. Eiweiß mit 3 Esslöffel Puderzucker zu Eischnee steif schlagen. Eigelb mit dem restlichen Puderzucker hell schaumig aufschlagen. Die Schokoladenbutter unter die Eigelbmasse heben. Abwechselnd die Mehlmischung und den Eischnee unter die Schokomasse heben.

5 Die Masse auf dem Backblech verstreichen. Die Mirabellenhälften mit der offenen Seite nach unten in engen Reihen auf die Schokomasse setzen. Das Backblech in den Backofen schieben und den Kuchen 25 Minuten backen.

Mein Tipp *Vor dem Servieren mit einer Puderzucker-Vanillezucker-Mischung bestreuen oder mit einem Sparschäler weiße und dunkle Späne von Schokolade abziehen und auf dem Kuchen verteilen. Dies ist ein einfacher saftiger Blechkuchen, den meine Familie gern mit Schlagsahne isst. Er schmeckt auch sehr gut als Variante mit Pflaumen.*

Linzer Streusel

1 Für die Streusel Zucker, Mehl, Mandeln, Zitronenabrieb, Zimt- und Nelkenpulver in einer Schüssel vermischen. Die Butter in Stückchen dazugeben und alles mit den Händen grob zu Streuseln verkrümeln. Die Streusel 45 Minuten kühl stellen.

2 Für den Teig das Mehl mit dem Backpulver in eine Schüssel sieben. In einer zweiten Schüssel die Butter mit dem Zucker schaumig rühren. Eigelb nach und nach unterrühren. Abwechselnd Haselnüsse und Mandeln sowie das mit dem Backpulver vermischte Mehl zur Eigelbmasse geben und alles verkneten. Den Teig zu einem Rechteck formen, in Klarsichtfolie einschlagen und 20 Minuten kühlen.

3 Backofen vorheizen auf 180 °C (Umluft 160 °C, Gas Stufe 2–3). Backpapier für ein Backblech passend zurechtschneiden.

4 Den Teig auf dem Backpapier zu einem Rechteck ausrollen. Auf das Backblech legen und gleichmäßig in die Ecken drücken. Den Beeren-Fruchtaufstrich auf dem Teig verstreichen. Die Streusel darauf verteilen.

5 Das Backblech in den Backofen geben und den Kuchen in 35 bis 40 Minuten goldgelb backen. Herausnehmen und nach Belieben mit etwas Puderzucker bestäuben.

Mein Tipp *Ein intensiveres Nussaroma bekommt der Kuchen, wenn die Nüsse angeröstet werden.*

Zutaten für 1 Backblech

Für die Streusel
50 g brauner Zucker
70 g Mehl
70 g gemahlene Mandeln
Abrieb von ¼ Biozitrone
2 Messerspitzen Zimtpulver
2 Messerspitzen Nelkenpulver
60 g kalte Butter

Für den Teig
300 g Mehl
(+ 60 g nach Bedarf)
1 TL Backpulver
250 g weiche Butter
120 g Zucker
5 Eigelb (Raumtemperatur)
60 g gemahlene Haselnüsse
80 g gemahlene Mandeln

Für die Füllung
340 g Beeren-Fruchtaufstrich (siehe Seite 136)

Außerdem
1 Backblech à 38 x 24 cm
Puderzucker zum Bestäuben

Zubereitungszeit 40 Min.
Backzeit 35–40 Min.

Birnen im Blätterteig

Zutaten für 4 Portionen

Für die Füllung

15 g gemahlene Mandeln
20 g weißer weicher Nougat
(z. B. Torrone)
10 g Butter
15 g Marzipanrohmasse
1 TL Bourbon-Vanillezucker

Für die Birnen

2½ EL Zucker
2 EL Birnenschnaps
2 Birnen (mittlere Größe)
Saft von 1 Zitrone

Für den Teig

1 Rolle Blätterteig à 275 g
(Fertigprodukt aus dem
Kühlregal)

Zum Fertigstellen

30 g Butter zum Bestreichen
ca. 3 EL Zimt-Zucker
Puderzucker
4 EL Apfelgelee oder
Aprikosen-Fruchtaufstrich

Zubereitungszeit 30 Min.
Backzeit 30 Min.

1 Für die Füllung eine Pfanne ohne Fett erhitzen und die Mandeln darin goldgelb anrösten. Nougat klein schneiden. Butter, Marzipan, Nougat, Vanillezucker und Mandeln miteinander verkneten.

2 Für die Birnen 800 Milliliter Wasser mit Zucker und Birnenschnaps aufkochen. Birnen waschen, halbieren, schälen und die Kerngehäuse herausschneiden. Die Fruchthälften mit Zitronensaft bestreichen. Birnen in den Sud legen und bei schwacher Hitze in 6 bis 8 Minuten bissfest ziehen lassen. Herausnehmen, abtropfen und auf einem Kuchengitter auskühlen lassen.

3 Backofen vorheizen auf 200 °C (Umluft 180 °C, Gas Stufe 3–4). Ein Backblech mit Backpapier auslegen.

4 Butter zum Bestreichen zerlassen. Den Blätterteig aus der Packung nehmen und auf einer bemehlten Arbeitsfläche ausrollen. Mit geschmolzener Butter bestreichen und mit Zimt-Zucker bestreuen. Den Teig in der Mitte längs halbieren und so aufeinanderlegen, dass beide Zimt-Zucker-Seiten innen sind.

5 In die Aussparungen der Kerngehäuse etwas Nougatmasse füllen. Fruchthälften mit den Schnittflächen nach unten auf den Teig legen und etwas andrücken. Den Teig in einer Kontur von ca. 1,5 Zentimeter um die Frucht herum schneiden und etwas an die Birnenseiten andrücken. In die Birnenhälften längs feine Linien im Abstand von ca. 3 Millimeter schneiden. Mit einem Hauch Puderzucker bestäuben.

6 Das Backblech in den Backofen schieben und die Birnen im Blätterteig in 30 Minuten goldgelb backen.

7 Herausnehmen. Gelee bzw. Fruchtaufstrich erwärmen und die noch warmen Birnenhälften damit bestreichen.

Runder Blechkuchen mit weißer Schokocreme und Pfirsichen

1 Für den Teig Mehl, Zucker, Orangenabrieb und Salz vermischen. Die kalte Butter in Stückchen und 80 Milliliter eiskaltes Wasser dazugeben und alles sehr schnell zu einem Teig verkneten. Den Teig zu einer flachen Scheibe von ca. 20 Zentimeter formen, in Klarsichtfolie wickeln und 2 Stunden kalt stellen.

2 Backofen vorheizen auf 180 °C (Umluft 160 °C, Gas Stufe 2–3).

3 Für den Belag Pfirsiche halbieren, entsteinen, häuten und in Spalten schneiden. Kuvertüre grob hacken, über einem Wasserbad schmelzen und leicht abkühlen lassen. Butter zerlassen und mit der Kuvertüre glatt rühren.

4 Eier trennen. Eigelb mit 2 Esslöffel Puderzucker hell schaumig aufschlagen. Zuerst die Schokoladenbutter unter die Eigelbmasse heben, danach den Fruchtaufstrich bzw. den Likör einrühren. Eiweiß mit dem restlichen Puderzucker zu Eischnee steif schlagen. Mehl, Speisestärke und Backpulver vermischen. Abwechselnd Eischnee und Mehlmischung unter die weiße Schokomasse heben.

5 Den Teig auf Backpapier zu einem Kreis von 35 Zentimeter Durchmesser ausrollen. Die weiße Schokocreme mittig darauf verteilen und dabei nach außen einen Rand von ca. 5 Zentimeter freilassen. Die Pfirsichscheiben kreisrund darauf legen. Die überstehenden Teigränder in Falten rundum auf die Füllung klappen.

6 Das Backpapier mit dem Kuchen auf das Backblech ziehen. Das Ei verschlagen und die Ränder damit bepinseln. Den Kuchen im Backofen 30 bis 35 Minuten backen, bis die Füllung einen zarten Beigeton annimmt; dabei nach Bedarf mit Alufolie abdecken.

Mein Tipp *Beim Teig ist es sehr wichtig, dass Butter und Wasser eiskalt sind und alle Zutaten rasch verarbeitet werden. Auch sollte der gekühlte Teig rasch ausgerollt und belegt werden. Der Kuchen schmeckt auch mit weißen Pfirsichen oder dunklen Feigen.*

Zutaten für 1 Kuchen (Durchmesser 28 cm)

Für den Teig
300 g Mehl
50 g Zucker
Abrieb von ¼ Bioorange
1 Prise Salz
150 g kalte Butter

Für den Belag
250 g Pfirsiche
60 g weiße Kuvertüre
40 g Butter
2 Eier (Größe L)
30 g Puderzucker
2 EL Pfirsichaufstrich oder Pêche (Pfirsichlikör)
20 g Mehl
½ TL Speisestärke
1 Messerspitze Backpulver

Zum Fertigstellen
1 Ei zum Bestreichen

Zubereitungszeit 50 Min.
Ruhezeit 2 Std.
Backzeit 30–35 Min.

Glasierter Erdbeerkuchen

Zutaten für 1 Backblech

Für den Teig
320 g Mehl
55 g Dinkelgrieß
120 g Zucker
1 Prise Salz
Abrieb von ¼ Biozitrone
250 g kalte Butter

Für den Belag
250 g blanchierte,
gemahlene Mandeln
1 Päckchen Vanille-
Puddingpulver
5 Eier (Größe L)
150 g Puderzucker
130 g Sahne
Abrieb von ½ Biozitrone
2 EL Holunderblütensirup
700 g Erdbeeren
200 g Erdbeer-
Fruchtaufstrich

Außerdem
1 Backblech à 38 x 24 cm

Zubereitungszeit 40 Min.
Ruhezeit 2 Std.
Backzeit 35–40 Min.

1 Für den Teig Mehl, Grieß, Zucker, Salz und Zitronenabrieb in einer Schüssel vermischen. Die Butter in Stückchen und 100 Milliliter eiskaltes Wasser dazugeben und alles sehr schnell zu einem Teig verkneten. Den Teig zu einem flachen Rechteck formen, in Klarsichtfolie einschlagen und 2 Stunden kühl stellen.

2 Backofen vorheizen auf 180 °C (Umluft 160 °C, Gas Stufe 2–3). Ein Stück Backpapier auf die Größe des Backblechs zuschneiden.

3 Den Teig mit einem bemehlten Nudelholz auf dem Backpapier zu einem Rechteck ausrollen. Auf das Backblech legen und gleichmäßig in die Ecken drücken. Den Teigboden mit einer Gabel mehrmals einstechen. Das Backblech in den Backofen schieben und den Boden 10 Minuten vorbacken.

4 Für den Belag die Mandeln mit dem Puddingpulver vermischen. Eier in eine Schüssel geben, den Puderzucker darüber sieben und beides zusammen cremig schlagen. Die Sahne halbflüssig aufschlagen und mit Zitronenabrieb und 1 Esslöffel Holunderblütensirup würzen. Im Wechsel die Sahne und die Mandel-Pudding-Mischung unter die Eimasse heben.

5 Die Creme auf dem vorgebackenen Boden verstreichen. Das Backblech in den Backofen schieben und den Kuchen in 25 bis 30 Minuten goldfarben backen. Herausholen und abkühlen lassen.

6 Erdbeeren waschen, putzen und in Scheiben schneiden. Kuchen ziegelartig mit den Erdbeeren belegen. Fruchtaufstrich durch ein Sieb passieren, etwas erwärmen und mit dem restlichen Holunderblütensirup glatt rühren. Erdbeeren mit der Glasur bepinseln.

Mein Tipp Das Wasser für den Teig muss eiskalt sein, damit dieser schön mürbe werden kann. Am besten stellen Sie es einige Zeit vor dem Backen in den Kühlschrank.

Stachelbeer-Marzipan-Kuchen

Zutaten für 1 Backblech

Für den Teig
120 g italienische Mandelkekse (Cantuccini)
220 g Mehl
100 g Zucker
2 Eigelb
150 g Butter

Für den Belag
750 g Stachelbeeren

Für den Guss
150 Marzipanrohmasse
8 Eigelb
120 g Zucker
Abrieb von ¼ Biozitrone
6 Eiweiß
1 Prise Salz

Außerdem
1 Backblech à 38 x 24 cm
Butter für das Backblech

Zubereitungszeit 45 Min.
Backzeit 50–60 Min.

1   Für den Teig die Mandelkekse auf einer Küchenreibe zu Bröseln reiben. Mehl, Zucker und die Kekskrümel vermischen. Eigelb und Butter dazugeben und alles zu einem Teig verkneten. Den Teig zu einem Rechteck formen, in Klarsichtfolie einschlagen und 45 Minuten in den Kühlschrank legen.

2   Backofen vorheizen auf 180 °C (Umluft 160 °C, Gas Stufe 2–3). Ein Backblech mit Butter einfetten.

3   Den Teig auf das gefettete Backblech legen, mit den Händen flach andrücken, dabei auch an den Rändern etwas hochziehen. Den Boden 20 bis 25 Minuten vorbacken.

4   Die Stachelbeeren kurz abbrausen, trockentupfen und putzen. Bis zur weiteren Verwendung beiseite stellen.

5   Für den Guss das Marzipan auf einer Küchenreibe grob reiben. In einer Schüssel Eigelb und 100 Gramm Zucker hellschaumig aufschlagen. Marzipan und Zitronenabrieb dazugeben und alles zu einer glatten Masse rühren.

6   Eiweiß mit 1 Prise Salz und dem restlichen Zucker zu Eischnee steif schlagen. Den Eischnee locker unter die Ei-Marzipan-Masse heben.

7   Die Beeren auf dem vorgebackenen Boden verteilen und den Guss darauf verstreichen. Das Backblech auf die unterste Schiene in den Backofen schieben und den Kuchen weitere 30 bis 35 Minuten backen, bis der Guss eine hellbeige Färbung bekommen hat; dabei die Oberfläche nach Bedarf mit Alufolie abdecken.

Mein Tipp *Eine hübsche Variation ist, das Rezept in kleinen Ringen von ca. 10 Zentimeter Durchmesser zu backen, sozusagen als Miniblechkuchen zum Kaffee.*

Heidelbeerkuchen mit Ricotta

1 Backofen vorheizen auf 200 °C (Umluft 180 °C, Gas Stufe 3–4). Ein Backblech mit Backpapier auslegen.

2 Für den Teig die Butter mit dem Zucker in einer Schüssel gut verrühren. Nach und nach die Eier dazugeben. Den Sauerrahm untermischen. Das Mehl mit Backpulver vermischen, nach und nach auf die Masse sieben und unterheben.

3 Den Teig auf dem Backblech verstreichen. Biskottenbrösel darauf verteilen. Darüber 150 Gramm Heidelbeeren verteilen. Das Backblech in den Backofen schieben und den Boden 20 Minuten vorbacken.

4 Für die Ricottacreme Butter in einem Topf schmelzen und leicht abkühlen lassen. Das Puddingpulver sieben und mit Mandelmehl und Zucker vermischen. Die Eier trennen.

5 Eigelb, Butter, Mandel-Pudding-Mischung und Ricotta zu einer glatten Creme verrühren. Mit Limettensaft und -abrieb würzen. Eiweiß mit 1 Prise Salz zu Eischnee steif schlagen und unter die Ricottamasse heben.

6 Die Creme auf dem vorgebackenen Boden verstreichen und die restlichen Heidelbeeren darauf verteilen. Nochmals weitere 20 bis 25 Minuten backen.

7 Das Backblech abkühlen lassen und den Kuchen vor dem Servieren mit Puderzucker bestäuben.

Mein Tipp Die Heidelbeeren in etwas Mehl wälzen, so versinken sie nicht im Teig.

Zutaten für 1 Backblech

Für den Teig
180 g weiche Butter
150 g Zucker
5 Eier (Größe L, Raumtemperatur)
30 g Sauerrahm
300 g Mehl
½ Päckchen Backpulver

Für den Belag
10 g Biskotten (Löffelbiskuits), fein zerbröselt
200 g Heidelbeeren

Für die Ricottacreme
40 g Butter
30 g Mandel- oder Vanille-Puddingpulver
40 g Mandelmehl (z. B. von Bos Food)
100 g brauner Zucker
2 Eier (Größe L, Raumtemperatur)
200 g Ricotta
2 Spritzer Limettensaft
Abrieb von ¼ Biolimette
Salz

Zum Fertigstellen
Puderzucker zum Bestäuben

Außerdem
1 Backblech à 38 x 24 cm

Zubereitungszeit 40 Min.
Backzeit 40–45 Min.

Süße Knödel & Nudeln

Süße Träume, die im Wasser freischwimmend garen oder sogar nur sanft gedämpft werden, bevor sie sich im warmen Zustand dem Gaumen ergeben. Mit besonders feinem Mehl zubereitet, damit sie auf der Zunge zergehen.

Erdbeer-Topfen-Knödel

Zutaten für 8 Stück
250 g Topfen (halbfett)
25 g Toastbrot
oder Hefezopf
20 g weiche Butter
20 g Zucker
2 Eigelb (Raumtemperatur)
90 g Weizengrieß
Abrieb von ¼ Biozitrone
8 TL Holunderblütensirup
8 kleine aromatische
Erdbeeren

Für das Kochwasser
2 EL Zucker
1 Zeste von 1 Biozitrone

Zum Fertigstellen
100 g Butter
120 g Semmelbrösel
2 EL Puderzucker
1 TL Bourbon-Vanillezucker

Außerdem
1 Geschirrtuch

Zubereitungszeit 1 Std.
Abtropfen über Nacht

1 Ein Sieb mit einem Geschirrtuch auslegen und den Topfen über Nacht abtropfen lassen.

2 Am nächsten Tag von dem Toastbrot oder dem Hefezopf die Rinde abschneiden und die Krumen in kleine Würfel schneiden.

3 Butter und Zucker in einer Schüssel schaumig rühren. Nacheinander Eigelb und Grieß dazugeben und unterrühren. Die Masse mit Zitronenabrieb und Holunderblütensirup würzen. Zuletzt den Topfen und die Brotwürfel unterheben. Den Topfenteig abdecken und ca. 15 Minuten quellen lassen.

4 Die Erdbeeren waschen, putzen und trockentupfen.

5 In einem breiten Topf Wasser mit Zucker und Zitronenschale zum Kochen bringen. Die Hände anfeuchten und den Teig in 8 Stücke à 60 Gramm teilen. Jedes Stück einzeln in der Hand plätten, eine Erdbeere in die Mitte legen und den Teig zu einem Knödel formen. Die Hitzezufuhr reduzieren, die Knödel in das siedende Wasser legen und ca. 10 Minuten ziehen lassen. Die Knödel sind fertig, sobald sie an der Wasseroberfläche schwimmen. Mit einem Schaumlöffel herausnehmen und abtropfen lassen.

6 Zum Fertigstellen die Butter in einer Pfanne schmelzen und die Brösel darin mit Puder- und Vanillezucker goldgelb anbraten. Die Knödel je nach Belieben vor dem Servieren in den Bröseln wälzen oder damit bestreuen.

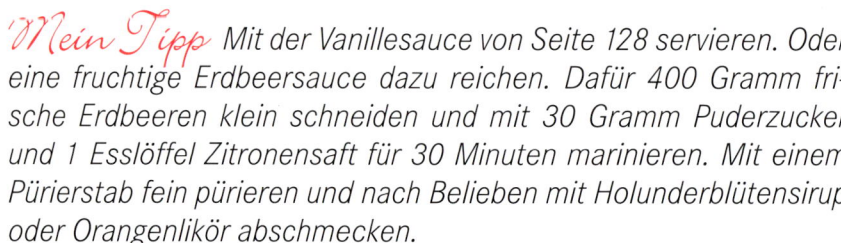

Mein Tipp Mit der Vanillesauce von Seite 128 servieren. Oder eine fruchtige Erdbeersauce dazu reichen. Dafür 400 Gramm frische Erdbeeren klein schneiden und mit 30 Gramm Puderzucker und 1 Esslöffel Zitronensaft für 30 Minuten marinieren. Mit einem Pürierstab fein pürieren und nach Belieben mit Holunderblütensirup oder Orangenlikör abschmecken.

Germknödel mit Sesam-Honig-Sahne

1   Für den Teig die Milch mit 2 Esslöffel Zucker in einer Schüssel mit der Hefe verrühren. In eine zweite Schüssel Mehl, restlichen Zucker und Ei geben. Mit der angerührten Hefe übergießen und alles zu einem glatten festen Teig verkneten; nach Bedarf noch etwas Mehl unterkneten. Den Teig mit etwas Mehl bestäuben, abdecken und an einem warmen Ort ca. 45 Minuten gehen lassen.

2   Die Hände anfeuchten und den Teig in 8 Stücke à 50 Gramm teilen. Jedes Stück zu einem Knödel formen. Die Knödel mit etwas Mehl bestäuben, abdecken und weitere 30 Minuten gehen lassen.

3   Für die Sesamsahne die Butter in einer Pfanne erhitzen und die Sesamkörner darin hell anbraten. Mit Sahne aufgießen. Honig unterrühren und mit Kardamom und Orangenabrieb würzen. Die Mischung einkochen lassen, bis die Konsistenz etwas dicklich wird.

4   Einen großen Topf mit Wasser füllen, ein Geschirrtuch darüber spannen und dieses mit einer Paketschnur festbinden. Das Wasser zum Kochen bringen und das Geschirrtuch mit etwas Zucker bestreuen. Die Knödel portionsweise auf das Tuch setzen und mit einer großen Schüssel abdecken, sodass sie im Dampf garen können. Je nach Größe des Topfes können 2 bis 4 Knödel gleichzeitig gedämpft werden. Die Knödel ca. 10 Minuten garen.

5   Je 2 Knödel in einen tiefen Teller legen und mit zwei Gabeln von der Mitte aus oben etwas aufreißen. Mit Sesamsahne begießen.

Mein Tipp Die Knödel kann man auch, statt sie zu dämpfen, in siedendem Wasser garziehen lassen.

Zutaten für 8 Stück à 50 g

Für den Teig
120 ml Milch
100 g Zucker
10 g Hefe
250 g Mehl
(+ 30 g nach Bedarf)
1 Ei

Für die Sesamsahne
20 g Butter
120 g Sesam
1,2 kg Sahne
16 EL Honig
2–3 Messerspitzen Kardamom
Abrieb von ¼ Bioorange

Außerdem
Mehl zum Bestäuben
1 Geschirrtuch
dicke Paketschnur
Zucker für das Tuch

Zubereitungszeit 40 Min.
Ruhezeit 75 Min.

Sacherknödel

Zutaten für 10 Stück

Für den Teig

100 ml Milch
1 Päckchen Bourbon-
Vanillezucker
260 g Hefezopf vom Vortag
20 g Zartbitterschokolade
15 g Kakaopulver (ungesüßt)
80 Zucker
2 Eier (Größe M)
40 g Semmelbrösel
nach Bedarf

Für die Füllung

2 Aprikosen (80 g)
1 EL Aprikosen-
Fruchtaufstrich

Für das Kochwasser

2 EL Zucker

Zum Wälzen

30 g Biskotten
(Löffelbiskuits)
25 g Pistaziengrieß

Zubereitungszeit 30 Min.

1 Für den Teig die Milch erwärmen und den Vanillezucker einrühren. Den Hefezopf in kleine Stücke schneiden. Die Schokolade in kleine Stücke hacken. Hefezopfwürfel, Schokoladenstücke, Kakaopulver, Zucker und Eier in eine Schüssel geben. Mit der süßen Milch übergießen und alle Zutaten miteinander vermischen. Sollte der Teig zu weich sein, Semmelbrösel dazugeben.

2 Für die Füllung die Aprikosen halbieren, entsteinen, vierteln und in kleine Würfelchen schneiden. In einer Schale mit dem Fruchtaufstrich verrühren.

3 In einem breiten Topf Wasser mit Zucker zum Kochen bringen.

4 Die Hände anfeuchten und den Teig in 10 Stücke à 70 Gramm teilen. Jedes Stück einzeln in der Hand plätten, etwa einen halben Teelöffel Aprikosenfruchtmasse in die Mitte platzieren und den Teig zu einem Knödel formen.

5 Die Hitzezufuhr unter dem Topf reduzieren, die Knödel in das siedende Wasser gleiten und ca. 15 Minuten ziehen lassen.

6 Inzwischen zum Wälzen der gekochten Knödel Löffelbiskuits fein reiben und in einer Schüssel mit Pistaziengrieß vermischen.

7 Die Knödel sind fertig, sobald sie an der Wasseroberfläche schwimmen. Mit einem Schaumlöffel herausheben, abtropfen lassen und rundum in der Bröselmischung wälzen.

Mein Tipp Die Vanillesauce von Seite 128 dazu servieren. Knödelreste können auch gut in Butter geschwenkt und mit Aprikosenröster gegessen werden.

Süße
Kärtner Nudeln

1   Für die Füllung den Topfen in ein Sieb geben und ca. 2 Stunden abtropfen lassen. Die Zitronenmelissen- bzw. Minzeblätter waschen, trockenschütteln und klein schneiden.

2   Die Kartoffeln mit Schale weich kochen. Abgießen, leicht abkühlen lassen und pellen. Durch eine Kartoffelpresse in eine Schüssel drücken. Puderzucker und Vanillezucker zufügen und alles mit den Knethaken eines Handmixers miteinander verrühren. Topfen unterheben. Mit Zitronenabrieb und Kräutern würzen.

3   Für den Teig Wasser aufkochen und davon 140 Milliliter abmessen. In einer Schüssel 100 Gramm Mehl, Butter in Stückchen und 1 Prise Salz vermischen. Langsam das abgemessene Wasser dazugeben und alles mit einem Kochlöffel zu einem nicht zu festen Teig verrühren. Ähnlich wie bei einem Brandteig soll sich der Teig von der Schüssel lösen. Das restliche Mehl über den Teig streuen, Eigelb dazugeben und alles zu einem glatten Teig verkneten.

4   Teig in 10 Stücke à 40 Gramm teilen und auf einer bemehlten Arbeitsfläche in ovale Stücke ausrollen. In jede Mitte ca. 30 Gramm von der Füllung platzieren. Eiweiß verschlagen und die Ränder damit bestreichen. Jeweils die Hälfte einklappen und die Nudelränder mit den Händen »krendeln« (siehe Tipp). Backpapier mit Mehl bestäuben und die fertigen Nudeln nebeneinander darauf setzen.

5   Wasser mit Salz und Zucker zum Kochen bringen. Die Hitzezufuhr reduzieren. Nudeln einlegen und 10 bis 12 Minuten ziehen lassen, bis sie oben schwimmen. Herausheben und abtropfen lassen. Butter anbräunen und die fertigen Nudeln kurz darin schwenken.

Mein Tipp *Der gekrendelte Nudelrand ist das typische Merkmal der Kärtner Nudel. Als Krendeln wird das Verschließen durch zackenartiges Zusammendrücken der aufeinanderliegenden Teigränder mit den Händen bezeichnet. Wer es braucht, nimmt eine Gabel oder ein Teigrad zu Hilfe. Mit Minzpesto (Seite 139) servieren.*

Zutaten für 10 Stück

Für die Füllung
180 g Topfen (halbfett)
10 Blätter Zitronenmelisse oder Minze
180 g mehligkochende Kartoffeln
60 g Puderzucker
1 Päckchen Bourbon-Vanillezucker
Abrieb von ¼ Biozitrone

Für den Teig
200 g doppelgriffiges Mehl (Wiener Griessler)
30 g Butter
1 Prise Salz
1 Eigelb

Zum Fertigstellen
1 Eiweiß zum Bestreichen
Butter zum Schwenken

Für das Kochwasser
1 Prise Salz
1 EL Zucker

Außerdem
etwas Mehl

Zubereitungszeit 45 Min.
Abtropfzeit 2 Std.

Süßes Gröstl mit Kürbiskernöl

Zutaten für 4 Portionen

Für den Teig
250 g mehligkochende Kartoffeln
10 g Zucker
160 g doppelgriffiges Mehl (Wiener Griessler)
1 Eigelb
100 g Ziegenfrischkäse
½ Päckchen Bourbon-Vanillezucker
Abrieb von ¼ Biozitrone

Für das Kochwasser
1 Prise Salz
1 EL Zucker

Für die karamellisierten Äpfel
2 säuerliche Äpfel (netto 180 g; z. B. Elstar)
70 g Zucker

Zum Fertigstellen
40 g Butter
15 g Kürbiskerne
10 g Puderzucker
2-4 EL Kürbiskernöl
1 EL Balsamicocreme
2 Spritzer Zitronensaft

Zubereitungszeit 45 Min. plus 30 Min. am Vortag

1 Am Vortag die Kartoffeln mit Schale in etwa 20 Minuten weich kochen.

2 Am nächsten Tag die Kartoffeln pellen und durch eine Kartoffelpresse in eine Schüssel drücken. Zucker, Mehl, Eigelb, Ziegenfrischkäse, Vanillezucker und Zitronenabrieb dazugeben und alles zu einem glatten Teig verarbeiten.

3 In einem großen Topf Wasser mit Salz und Zucker zum Kochen bringen. Mit leicht bemehlten Händen den Teig in Stücke à 15 Gramm teilen und zu Talern formen. Die Taler ins heiße Wasser geben und ca. 8 Minuten ziehen lassen. Sobald sie an der Oberfläche schwimmen, mit einem Schaumlöffel herausheben und abtropfen lassen.

4 Die Äpfel mit Schale waschen, vierteln, entkernen und ca. 180 Gramm abwiegen. Die Viertel in dünne Spalten schneiden. Den Zucker mit 150 Milliliter Wasser in eine unbeschichtete Pfanne geben und bei schwacher Hitze unter Rühren zu Karamell kochen. Die Apfelspalten durch das Karamell ziehen.

5 In einer zweiten Pfanne die Butter erhitzen und die Kartoffeltaler darin goldfarben anbraten.

6 Kürbiskerne klein hacken. Die Kartoffeltaler in der Pfanne mit Puderzucker und den gehackten Kürbiskernen bestreuen. Die Apfelspalten unterheben. Mit Kürbiskernöl, Balsamicocreme und Zitronensaft abschmecken.

Mein Tipp Sauerrahmeis schmeckt besonders gut dazu.

Marzipankartoffeln à la Véronique

Zutaten für 4 Portionen (ca. 40 Kugeln)

Für den Teig

250 g mehligkochende Kartoffeln
90 g doppelgriffiges Mehl (Wiener Griessler)
10 g Zucker
50 g Marzipanrohmasse
1 Eigelb

Für das Kochwasser

1 dünne Scheibe Ingwer
2 EL Zucker
1 Zeste von 1 Biozitrone

Zum Fertigstellen

2 EL Butterschmalz
2-3 EL Puderzucker

Außerdem

Mehl für das Backpapier

Zubereitungszeit 50 Min.

1 Am Vortag die Kartoffeln gründlich waschen und mit Schale in etwa 20 Minuten weich kochen. Auskühlen lassen.

2 Am nächsten Tag die Kartoffeln pellen und durch eine Kartoffelpresse auf eine bemehlte Arbeitsfläche drücken. Mehl, Zucker, Marzipan in Stücken und Eigelb dazugeben und alles zu einem glatten Teig verkneten. Der Teig sollte eine kompakte trockene Beschaffenheit haben.

3 Ein Stück Backpapier mit Mehl bestäuben. Vom Teig kleine Stücke à 10 Gramm zu Kugeln formen und diese mit etwas Abstand zueinander auf das Backpapier setzen.

4 Für das Kochwasser den Ingwer schälen. In einem großen Topf 2 Liter Wasser mit Zucker, Zitronenschale und Ingwer zum Kochen bringen. Die Hitze reduzieren, die Kartoffelkugeln in das siedende Wasser gleiten lassen und 4 bis 6 Minuten ziehen lassen. Sobald sie an der Oberfläche schwimmen, mit einem Schaumlöffel aus dem Wasser nehmen und gut abtropfen lassen.

5 Zum Fertigstellen Butterschmalz in einer Pfanne erhitzen und die Kugeln darin rundum goldbraun anbraten. Zwischendurch mit Puderzucker bestäuben.

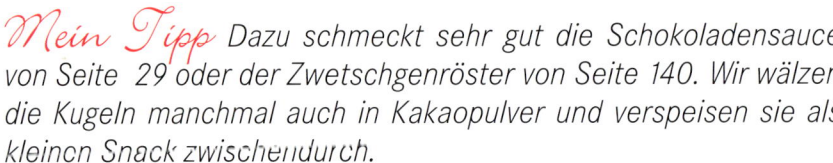

Mein Tipp Dazu schmeckt sehr gut die Schokoladensauce von Seite 29 oder der Zwetschgenröster von Seite 140. Wir wälzen die Kugeln manchmal auch in Kakaopulver und verspeisen sie als kleinen Snack zwischendurch.

Serviettenknödel à la Véronique

1 Vanilleschote längs aufschlitzen und das Mark herauskratzen. Milch, Zucker, Zitronenabrieb, Vanilleschote und -mark erhitzen. Den Grieß in die heiße Milch unter Rühren einrieseln lassen und zu einem festen Brei verkochen. Etwas abkühlen lassen.

2 Butter zerlassen. Flüssige Butter und Eigelb in den lauwarmen Grießbrei einrühren.

3 Backofen vorheizen auf 200 °C (Umluft 180 °C, Gas Stufe 3–4). Eine Bratreine mit Wasser füllen und in den Backofen stellen.

4 Hefezopf klein schneiden. Nüsse klein hacken. Eine Pfanne ohne Fett erhitzen und die Nüsse darin hell anrösten. Die heißen Nüsse in einer Schale mit Zucker und Vanillezucker mischen.

5 Pfirsich halbieren, entsteinen und häuten. 60 Gramm Fruchtfleisch abwiegen und sehr klein würfeln. Zitronensaft, Hefezopfwürfel, Pfirsichstücke und Nüsse mit der Grießmasse vermengen.

6 Ein langes Stück Klarsichtfolie ausbreiten und die Masse am unteren Rand zu einer Rolle von 28 Zentimeter Länge und ca. 5 Zentimeter Durchmesser formen. In der Folie einwickeln und dann mit Alufolie umwickeln. Die Enden gut festdrehen und verschließen.

7 Knödelrolle in das heiße Wasser der Reine legen und im Backofen 45 Minuten garen. Nach 25 Minuten im Wasserbad drehen.

8 Die Rolle aus dem Wasser nehmen, Alufolie entfernen. Rolle 20 Minuten ruhen lassen. Butter schmelzen und leicht bräunen. Die Rolle in ca. 1 Zentimeter dicke Scheiben schneiden, auf Tellern anrichten und mit gebräunter Butter beträufeln.

Mein Tipp Diese Knödel lassen sich gut vorbereiten und einfrieren. Ich serviere sie mit Kompott und Vanillesauce. Übrige Knödelscheiben in Butter braten und mit Zimt-Zucker bestreuen.

Zutaten für 4–6 Portionen (26–28 Scheiben)
½ Vanilleschote
350 ml Milch
40 g Zucker
Abrieb von ¼ Biozitrone
80 g Dinkelgrieß
20 g Butter
2 Eigelb (Größe M)
60 g Hefezopf vom Vortag
10 g Mandeln
10 g Walnüsse
10 g Haselnüsse
½ EL Zucker
½ TL Bourbon-Vanillezucker
1 Pfirsich (netto 60 g)
1 TL Zitronensaft

Zum Fertigstellen
60 g Butter zum Bräunen

Außerdem
1 Reine (Bräter) als Wasserbadbehälter
Klarsichtfolie
Aluminiumfolie

Zubereitungszeit 45 Min.
Kochzeit 45 Min.

Süße Schupfnudeln mit Topfen

Zutaten für 4 Portionen

Für den Teig

250 g mehligkochende Kartoffeln

100 g Topfen (halbfett)

130 g doppelgriffiges Mehl (Wiener Griessler)

1 Eigelb

10 g Zucker

1 Päckchen Bourbon-Vanillezucker

Abrieb von ¼ Biozitrone

Für das Kochwasser

500 ml Birnensaft (z. B. von van Nahmen)

Zum Fertigstellen

2 EL Butterschmalz

2-3 EL Puderzucker

2-3 EL Pistaziengrieß

Außerdem

etwas Mehl

Zubereitungszeit 1 Std. plus 25. Min. am Vortag
Abtropfzeit 2 Std.
Ruhezeit 15 Min.

1   Am Vortag die Kartoffeln mit Schale in etwa 20 Minuten weich kochen. Den Topfen in ein Sieb geben und mindestens 2 Stunden abtropfen lassen.

2   Am nächsten Tag die Kartoffeln pellen und durch eine Kartoffelpresse in eine Schüssel drücken. Abgetropften Topfen, Mehl, Eigelb, Zucker, Vanillezucker und Zitronenabrieb zugeben und alles zu einem glatten Teig verkneten. Teig 15 Minuten ruhen lassen.

3   Den Kartoffelteig zu einer Rolle formen. Auf einer bemehlten Arbeitsfläche Stücke à 10 Gramm Teig abschneiden und zu fingerdicken Nudeln wälzen.

4   In einem Topf den Birnensaft mit 1,5 Liter Wasser aufkochen. Die Hitzezufuhr reduzieren, die Schupfnudeln in das Birnenwasser geben und 6 bis 8 Minuten in dem siedenden Sud gar ziehen lassen. Sobald die Nudeln an der Oberfläche schwimmen, mit einem Schaumlöffel herausnehmen und gut abtropfen lassen.

5   Das Butterschmalz in einer Pfanne erhitzen und die Nudeln darin rundum goldbraun anbraten. Mit Puderzucker und Pistaziengrieß bestreuen.

Mein Tipp Eine mehligkochende aromatische Sorte, z. B. Aula, verwenden, da ihr Fruchtfleisch nach dem Garen schön locker ist. Für einen optimalen Teig sollten die Kartoffeln möglichst trocken sein. Zu diesem Zweck lässt man gegarte Kartoffeln bei 120 °C noch 5 bis 10 Minuten zusätzlich im Backofen trocknen.

Mein Tipp Mit dem Orangenkompott von Seite 132 oder dem Macadamiapesto von Seite 139 servieren.

Mispelknödel

1 Die Kartoffeln mit Schale in etwa 20 Minuten weich kochen. Etwas abkühlen lassen, pellen und durch eine Kartoffelpresse auf ein großes Brett pressen. Mehl, Zucker, Zitronenabrieb und Ei dazugeben und alles zu einem eher trockenen Teig verkneten. Nach Bedarf noch etwas Mehl dazugeben. Teig in einer Schüssel für 15 Minuten ruhen lassen.

2 Die Mispeln halbieren, entsteinen und die Haut rundum abziehen. Aus dem Marzipan 6 kleine Kugeln formen. Je eine Marzipankugel in die Mitte einer Frucht geben und die Fruchthälften wieder zusammensetzen.

3 In einem breiten Topf Wasser mit Zucker zum Kochen bringen. Ein Stück Backpapier mit Speisestärke bestäuben.

4 Mit leicht bemehlten Händen den Teig in 6 Stücke teilen. Jedes Stück einzeln in der Hand flach drücken, eine gefüllte Frucht mittig darauf setzen, den Teig zusammenfalten und dabei einen Knödel à ca. 180 Gramm formen. Die Knödel auf das Backpapier setzen.

5 Die Knödel in das siedende Wasser gleiten lassen und ca. 12 bis 15 Minuten ziehen lassen. Sobald sie an der Oberfläche schwimmen, aus dem Wasser heben und gut abtropfen lassen.

6 Die Amarettini zerbröseln. Eine Pfanne ohne Fett erhitzen und den Grieß darin kurz anrösten, bis er duftet. Butter und Amarettini dazugeben und untermischen.

7 Die abgetropften Knödel auf einem Teller anrichten und mit den Grießbröseln bestreuen.

Mein Tipp *Mispeln sind pflaumengroße Früchte der Pflanze Eriobotrya japonica. Sie schmecken süßlich und leicht säuerlich. Als Alternative kann man auch Zwetschgen oder Aprikosen verwenden.*

Zutaten für 6 Stück à 180 g

Für den Teig
450 g mehligkochende Kartoffeln

150 g Mehl
(+ 20 g nach Bedarf)

100 g Zucker

Abrieb von ¼ Biozitrone

1 Ei

Für die Füllung
6 Mispeln

20 g Marzipanrohmasse

Für das Kochwasser
2 EL Zucker

Zum Fertigstellen
2 Amarettini
(10 g, Mandelmakronen)

30 g Dinkelgrieß

60 g Butter

Außerdem
Speisestärke für das Backpapier

Zubereitungszeit 50 Min.

Skubanki

Zutaten für 10 Stück à 90 g

Für den Teig

500 g mehligkochende Kartoffeln

1 Prise Salz

100 g reife Banane

70 g doppelgriffiges Mehl (+ 30 g nach Bedarf) (Wiener Griessler)

50 g Schmand

100 g weiche Butter

60 g Zucker

1 Eigelb

2 Messerspitzen Zitronenabrieb

Zum Fertigstellen

40 g gemahlener Mohn

30 g Butterschmalz

Puderzucker zum Bestäuben

Außerdem

Küchenpapier

Zubereitungszeit 1 Std.

1   Die Kartoffeln schälen und in Salzwasser weich kochen. Das Kochwasser abgießen und die heißen Kartoffeln durch eine Kartoffelpresse in eine Schüssel pressen.

2   Banane schälen und mit einer Gabel zu Mus zerdrücken. Bananenmus, Mehl, Schmand, Butter, Zucker, Eigelb und Zitronenabrieb zu den Kartoffeln in die Schüssel geben und alles zu einem eher trockenen Teig verkneten. Teig ca. 15 Minuten ruhen lassen.

3   Den Mohn auf einen flachen Teller geben. Mit bemehlten Händen aus dem Teig Ovale à 90 Gramm formen und von beiden Seiten in Mohn wälzen.

4   Butterschmalz in einer Pfanne erhitzen und die Skubanki darin von beiden Seiten goldgelb braten. Herausheben und zum Abtropfen kurz auf Küchenpapier legen. Vor dem Servieren mit Puderzucker bestäuben.

Mein Tipp *Für das Gelingen dieser böhmischen Spezialität ist eine gute mehligkochende Kartoffelsorte unerlässlich. Wir essen zu diesem Verwandten des pikanten Reiberdatschis gern Kompott und beträufeln ihn mit geschmolzener Nussbutter (siehe Seite 125).*

Kuchen, Gebäck & Co.

Eier, Milch, Grieß und Mehl gehen genussversprechende Verbindungen ein. Oft getrieben von Hefe, um sich voll zu entfalten, teils in heißem Fett ausgebacken, um verführerisch knusprig zu sein. So auch Krapfen, Gugelhupf, Waffel und Co.

Versunkene Kirschen

Zutaten für 6 Portionen
450 g schwarze Kirschen
(entsteint 400 g)
120 g Walnusshälften

Für den Teig
2 Eier (Größe L)
120 g Dinkelmehl
100 ml Milch
30 g Zucker
1 EL Bourbon-Vanillezucker
1 Prise Salz

Zum Fertigstellen
6 TL Honig

Außerdem
6 Metallringe à 9,5 cm
Durchmesser
Butterschmalz
1 große Bratpfanne
oder Reine (Bräter)
Zucker zum Ausstreuen

Zubereitungszeit 30 Min.
Backzeit 5 Min.

1 Die Kirschen halbieren, entsteinen und vierteln; es sollen 400 Gramm Fruchtfleisch sein. Die Walnusshälften grob hacken.

2 Den Backofen auf Oberhitze 250 °C vorheizen. Die Innenseiten von 6 Metallringen ausfetten. Eine große Bratpfanne oder Reine mit Butterschmalz ausstreichen. Die Ringe darauf stellen. Den Boden der Ringe mit etwas Zucker bestreuen.

3 Für den Teig die Eier trennen. Eigelb, Mehl, Milch, Zucker und Vanillezucker miteinander verrühren. Eiweiß mit 1 Prise Salz zu Eischnee steif schlagen und unter die Eigelbmasse ziehen.

4 Je 2 Esslöffel Teig in die Ringe füllen. Je eine Schicht Kirschen und Walnüsse darauf verteilen; sie werden etwas einsinken. Mit einem Teelöffel Honig in feinen Linien darüber ziehen.

5 Die Pfanne oder Reine auf die Kochstelle stellen und die Gebilde 2 bis 3 Minuten anbraten. In den Backofen stellen, mit Alufolie abdecken und 4 bis 5 Minuten garen.

Mein Tipp Sie können auch die Rahmen kleiner Springformen verwenden, falls Sie keine Ringe zur Hand haben. Servieren Sie die versunkenen Kirschen mit einem Klecks saurer Sahne oder der Walnusssauce von Seite 128.

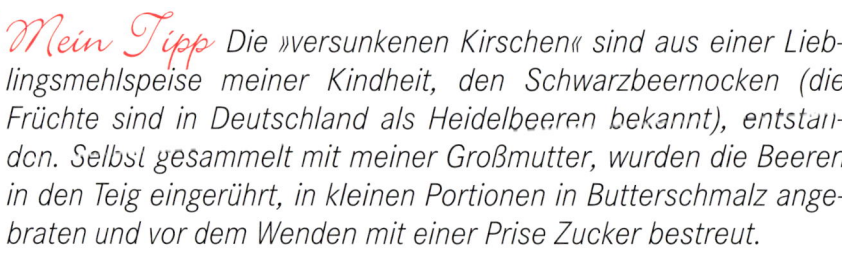

Mein Tipp Die »versunkenen Kirschen« sind aus einer Lieblingsmehlspeise meiner Kindheit, den Schwarzbeernocken (die Früchte sind in Deutschland als Heidelbeeren bekannt), entstanden. Selbst gesammelt mit meiner Großmutter, wurden die Beeren in den Teig eingerührt, in kleinen Portionen in Butterschmalz angebraten und vor dem Wenden mit einer Prise Zucker bestreut.

Rotweingugelhupf

1 Die Vanilleschote längs aufschlitzen. Das Mark herauskratzen und für den Teig beiseite legen. Ingwer schälen.

2 Für den gewürzten Rotwein Wein und Rum in einen Topf füllen. Ausgekratzte Vanilleschote, Ingwer, Zucker, Nelken, Zimtstange, Zitronenschale und Sternanis dazugeben. Alles zum Kochen bringen. Die Hitzezufuhr reduzieren und den gewürzten Wein köcheln lassen, bis er auf 50 Milliliter reduziert ist. Anschließend die Gewürze entfernen und den Wein abkühlen lassen.

3 Kuvertüre klein hacken und über einem Wasserbad schmelzen.

4 Backofen vorheizen auf 180 °C (Umluft 160 °C, Gas Stufe 2–3). Eine Gugelhupfform mit Butter ausstreichen und mehlieren.

5 Die Eier trennen. In einer Schüssel Butter, Zucker und Vanillemark hellschaumig aufschlagen. Nach und nach Eigelb unter die Buttermasse rühren. Zuletzt den gewürzten Rotwein einrühren.

6 Mehl, Backpulver und Zimt miteinander vermischen. Eiweiß mit 1 Prise Salz und Puderzucker zu Eischnee steif schlagen. Im Wechsel das mit Backpulver und Zimt vermischte Mehl sowie den Eischnee unter die Buttermasse heben. Zuletzt die flüssige Kuvertüre in den Teig gießen und dann nicht gleichmäßig verrühren, sondern eine Marmorierung im Teig herbeiführen.

7 Den Teig in die Form füllen und im Backofen 45 bis 50 Minuten backen. Den fertigen Kuchen kurz in der Form abkühlen lassen und auf ein Kuchengitter stürzen. Vor dem Servieren mit Puderzucker bestäuben.

Mein Tipp Zur Weihnachtszeit kann man auch Lebkuchengewürz statt Zimt verwenden. Zur Verzierung verwende ich gern gehackte Schokolade oder Nüsse. Diese auf den unteren Rand als Kranz geben oder den Kuchen glasieren und damit bestreuen.

Zutaten für 1 Gugelhupf

Für den gewürzten Wein
1 Vanilleschote
1 dünne Scheibe Ingwer
300 ml Rotwein
2 EL Rum
2 EL Zucker
3 Nelken
1 Zimtstange
1 Zeste von 1 Biozitrone
1 Sternanis

Für den Teig
80 g Zartbitterkuvertüre (60–70 % Kakao)
5 Eier (Größe M, Raumtemperatur)
250 g weiche Butter
200 g brauner Zucker
350 g Mehl
½ Päckchen Backpulver
¼ TL Zimtpulver
1 Prise Salz
2 EL Puderzucker

Außerdem
1 Gugelhupfform à 22 cm Durchmesser
Butter und Mehl für die Form
Puderzucker zum Bestäuben

Zubereitungszeit 45 Min.
Backzeit 45–50 Min.

Mitzi's Grießgugelhupf

Zutaten für 1 Gugelhupf

120 g Dinkelgrieß

60 g Mehl

100 g gemahlene Haselnüsse

5 Eier (Größe M)

80 g Zucker

1 Päckchen Bourbon-Vanillezucker

Abrieb von ¼ Biozitrone

1 EL Rum

50 g Puderzucker

1 Prise Salz

Zum Fertigstellen

100 g Aprikosen-Fruchtaufstrich

50 g Zartbitterkuvertüre (60-70 % Kakao)

Außerdem

1 Gugelhupfform à 22 cm Durchmesser

Butter und Mehl für die Form

1 kleiner Gefrierbeutel

Zubereitungszeit 50 Min.
Backzeit 40–50 Min.

1   Backofen vorheizen auf 180 °C (Umluft 160 °C, Gas Stufe 2–3). Eine Gugelhupfform mit Butter ausstreichen und mehlieren.

2   Eine Pfanne ohne Fett erhitzen und den Grieß unter Rühren darin leicht anrösten, bis er duftet. Von der Kochstelle nehmen und etwas abkühlen lassen.

3   Grieß, Mehl und Haselnüsse vermischen. Die Eier trennen. Eigelb mit Zucker und Vanillezucker hellschaumig aufschlagen. Zitronenabrieb und Rum unterrühren.

4   Puderzucker sieben. Eiweiß mit 1 Prise Salz und Puderzucker zu Eischnee steif schlagen. Den Eischnee portionsweise locker unter die Eigelbmasse heben. Die Grießmischung unterziehen.

5   Den Teig in die Form einfüllen und im Backofen 40 bis 50 Minuten backen. Herausnehmen und den Kuchen in der Form auskühlen lassen.

6   Fruchtaufstrich erwärmen und durch ein Sieb streichen. Kuvertüre grob hacken und über einem Wasserbad schmelzen.

7   Den Gugelhupf auf ein Kuchengitter stürzen. Mit Aprikosen-Fruchtaufstrich glasieren. Die Kuvertüre in einen kleinen Gefrierbeutel füllen, eine Spitze knapp abschneiden und den Kuchen mit Schokoladenlinien verzieren.

Mein Tipp Wenn es mal etwas schneller gehen soll, bestäube ich den frischen Kuchen einfach nur mit einer Kakao-Puderzucker-Mischung und schlage etwas Sahne dazu.

Info Der Gugelhupf hat eine langjährige Tradition, ohne dass es jedoch ein gängiges Standardrezept gibt. Je nach Region, Anlass oder wirtschaftlichem Stand wurde der Teig aus Hefe-, Rühr- oder Biskuitteig gerührt.

Luiserl's Reindling

1   Für den Teig die Milch mit 1 Esslöffel Zucker erwärmen. Hefe hineinbröckeln und unter Rühren darin auflösen. In einer Schüssel beide Mehlsorten, restlichen Zucker, Vanillezucker, Zitronenabrieb und Salz vermischen. Die Butter in Stücken und die Eier dazugeben, die Hefemilch zufügen und alles zu einem sehr leichten Teig verkneten. Den Teig mit etwas Mehl bestreuen, abdecken und 35 Minuten an einem warmen Ort gehen lassen.

2   Für die Füllung eine Pfanne ohne Fett erhitzen und die Nüsse darin hell anrösten. Noch heiß mit Zucker und Zimt mischen. Das Pflaumenmus mit dem Rum verrühren.

3   Eine Gugelhupfform mit Butter ausstreichen und mehlieren.

4   Den leicht flüssigen Teig auf einer bemehlten Arbeitsfläche kurz durchkneten. Sollte er zu flüssig sein, 25 Gramm Mehl unterkneten. Den Teig mit einem bemehlten Nudelholz zu einem Rechteck von ca. 40 x 30 Zentimeter ausrollen. Pflaumenmus auf den unteren drei Vierteln der Teigfläche verteilen. Darauf die Nussmischung streuen. Den Teig von unten nach oben aufrollen und in die Form einlegen. Nochmals 10 Minuten gehen lassen.

5   Backofen vorheizen auf 180 °C (Umluft 160 °C, Gas Stufe 2–3). Auf den Boden des Backofens eine Tasse mit Wasser stellen.

6   Butter zerlassen und die Teigoberfläche damit bestreichen. Die Form auf die mittlere Schiene des Backofens setzen und den Kuchen 55 bis 60 Minuten backen. Währenddessen einmal mit der restlichen Butter bestreichen. Nach ca. 45 Minuten mit Alufolie abdecken.

Mein Tipp Der österreichische Begriff für Topf, der Reindling, gab diesem runden Kuchen seinen Namen. Luiserl's Reindling schmeckt nicht nur zur Kaffeezeit verführerisch gut, sondern auch zu einem Glas Rotwein.

Zutaten für 1 Kuchen

Für den Teig
200 ml Milch
60 g Zucker
30 g Hefe
400 g Dinkelvollkornmehl
150 g Mehl
(+ 25 g nach Bedarf)
1 EL Bourbon-Vanillezucker
Abrieb von ¼ Biozitrone
1 Prise Salz
100 g weiche Butter
3 Eier (Größe M)

Für die Füllung
60 g gehackte Haselnüsse
40 g gemahlene Mandeln
60 g brauner Zucker
1 Prise Zimtpulver
120 g Pflaumenmus
1–2 TL Rum

Zum Fertigstellen
20 g Butter zum Bestreichen

Außerdem
1 Gugelhupfform à 22 cm Durchmesser
Butter und Mehl für die Form

Zubereitungszeit 50 Min.
Backzeit 55–60 Min

Povesen in Gewürzhülle

Zutaten für 4 Portionen
200 g Semmelbrösel
1 EL Kardamom
2 EL Zimtpulver
20 g Spekulatiusgewürz
30 g Mandelmehl
(z. B. von Bos Food)
3 Eigelb (Größe L)
4 Kaisersemmeln vom
Vortag, 2–3 cm dick

Für die Füllung
160 g Heidelbeerkompott
(siehe Seite 127)

Zum Ausbacken
150 g Butterschmalz

Zubereitungszeit 20 Min.

1   In einer flachen Schüssel Semmelbrösel, Kardamom, Zimt, Spekulationsgewürz und Mandelmehl miteinander vermischen. In einem Suppenteller das Eigelb verquirlen.

2   Von den Semmeln die obere Musterung ab- bzw. glatt schneiden. In jede Semmel eine Tasche einschneiden, sodass die Semmel an einer Längsseite noch zu einem Drittel zusammenhängt.

3   In jede Semmeltasche 40 Gramm Kompott füllen. Die Semmeln beidseitig zuerst durch das Eigelb ziehen und danach in der Gewürzpanade wenden.

4   Butterschmalz erhitzen und die gefüllten Semmeln darin knusprig herausbacken. Gleich servieren.

Mein Tipp Diese auch als »Arme Ritter« bekannte Zubereitung ist eine gute Möglichkeit der Resteverwertung von altbackenem Brot. Und falls ein Rest von der Gewürzpanade übrig bleibt, können Sie ihn in ein Glas füllen und luftdicht verschlossen bis zur nächsten Verwendung aufbewahren.

Kaiserschmarrn

Zutaten für 2–3 Portionen als Dessert

2 Eier (Größe L)
1 Prise Salz
60 g Mehl
2 EL Sauerrahm
2 Messerspitzen Vanillemark
20 g Zucker
120 ml Milch
1 EL dunkler Rum
1-2 Messerspitzen Zitronenabrieb
10 g Puderzucker
20 g Rosinen

Zum Fertigstellen

30 g Butterschmalz
Puderzucker zum Bestäuben

Zubereitungszeit 20 Min.

1   Backofen vorheizen auf 200 °C (Umluft 180 °C, Gas Stufe 3–4).

2   Die Eier trennen. In einer Schüssel Eigelb, Salz, Mehl, Sauerrahm, Vanillemark, Zucker und Milch mit einem Stabmixer zu einem glatten Teig verrühren. Mit Rum und Zitronenabrieb würzen. Eiweiß mit Puderzucker zu Eischnee steif schlagen. Eischnee locker unter den Teig ziehen.

3   Eine feuerfeste Pfanne erhitzen und darin 20 Gramm Butterschmalz zerlassen. Den Teig hineingießen. Auf den noch flüssigen Teig die Rosinen streuen. Die Unterseite des Teiges goldbraun anbacken. Restliches Fett am Pfannenrand dazugeben, den Teig wenden und auf der anderen Seite backen.

4   Die Pfanne in den Backofen schieben und den Kaiserschmarrn in 5 bis 8 Minuten fertig backen.

5   Die Pfanne aus dem Backofen nehmen und den Teig mit zwei Gabeln in Stücke reißen. Mit Puderzucker bestäuben und lauwarm servieren.

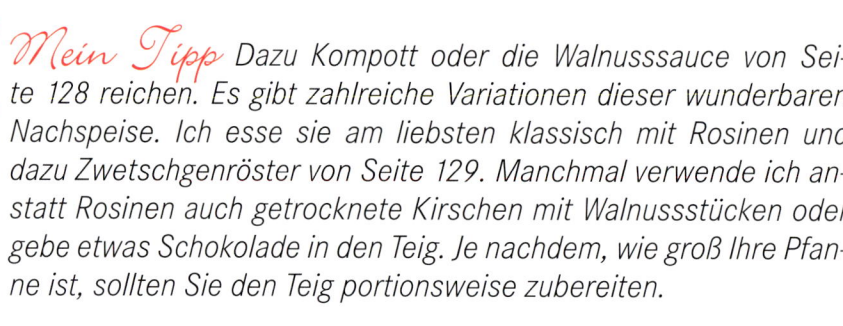

Mein Tipp *Dazu Kompott oder die Walnusssauce von Seite 128 reichen. Es gibt zahlreiche Variationen dieser wunderbaren Nachspeise. Ich esse sie am liebsten klassisch mit Rosinen und dazu Zwetschgenröster von Seite 129. Manchmal verwende ich anstatt Rosinen auch getrocknete Kirschen mit Walnussstücken oder gebe etwas Schokolade in den Teig. Je nachdem, wie groß Ihre Pfanne ist, sollten Sie den Teig portionsweise zubereiten.*

Marillenpalatschinken & Topfenpalatschinken

1 **Für die Marillenpalatschinken** die Zutaten für den Pfannkuchenteig mit den Haselnüssen zu einem glatten Teig verrühren. Teig 20 Minuten ruhen lassen.

2 Eine Pfanne mit Butterschmalz erhitzen und aus dem Teig nacheinander sechs dünne Palatschinken backen. Zwischendurch nach Bedarf weiteres Fett in die Pfanne geben. Bis zum Füllen abgedeckt im Backofen bei 50 °C warm halten.

3 Schokolade grob hacken und über einem Wasserbad schmelzen. Palatschinken noch warm mit Fruchtaufstrich bestreichen und aufrollen. Schokolade in einen Gefrierbeutel füllen, eine Spitze abschneiden und in feinen Streifen über die fertigen Rollen ziehen.

4 **Für die Topfenpalatschinken** den Topfen in ein Sieb geben und ca. 2 Stunden abtropfen lassen.

5 Für den Teig Mehl, 1 Teelöffel Zucker, Milch, Ei und Eigelb mit einem Stabmixer zu einem glatten Teig rühren. Eiweiß mit Salz zu Eischnee steif schlagen und unter den Teig ziehen.

6 Für die Füllung Butter und Marzipan zu einer glatten Masse verrühren, 20 Gramm Zucker, Eigelb und Vanillemark dazugeben. Den Topfen unterheben und mit Rum und Zitronenabrieb würzen.

7 Eine Pfanne mit Butterschmalz erhitzen und aus dem Teig nacheinander sechs dünne Palatschinken backen. Bis zum Fertigstellen abgedeckt im Backofen bei 50 °C warm halten.

8 Die Palatschinken mit der Topfenfüllung bestreichen, zu Dreiecken falten und mit Puderzucker bestäuben. Lauwarm servieren.

Für 6 Marillenpalatschinken
1 Rezept Pfannkuchenteig
(siehe Seite 24)
25 g gemahlene Haselnüsse
10 g Butterschmalz

Für die Füllung
Marillen-Fruchtaufstrich
(siehe Seite 134)

Außerdem
50 g Zartbitterkuvertüre
(60–70 % Kakao)

Zubereitungszeit 20 Min.

Für 6 Topfenpalatschinken
200 g Topfen (halbfett)
50 g weiche Butter
30 g Marzipanrohmasse
20 g Zucker
1 Eigelb (L)
1 Messerspitze Vanillemark
1 Spritzer Rum
Abrieb von ¼ Biozitrone

Für den Teig
100 g Mehl
1 TL Zucker
180 ml Milch
1 Ei (Größe L)
1 Eigelb (Größe L)
1 Eiweiß
1 Prise Salz
10 g Butterschmalz
Puderzucker zum Bestäuben

Zubereitungszeit 40 Min.
Abtropfzeit 2 Std.

Kirchtagskrapfen

Zutaten für 13–15 Stück

Für die Füllung
120 g Topfen (Magerstufe)
100 g getrocknete
Sauerkirschen
80 g Soft-Zwetschgen
70 g Soft-Aprikosen
120 g gemahlene Walnüsse
10 g Semmelbrösel
100 g brauner Zucker
1 Päckchen Bourbon-
Vanillezucker
1 EL Rum
½ TL Zimtpulver
½ TL Abrieb von
1 Biozitrone

Für den Teig
120 g Roggenmehl
120 g Mehl
120 ml Milch
120 g saure Sahne

Zum Ausbacken
300 g Butterschmalz
450 g Palmfett (z. B. von
Biskin)

Außerdem
etwas Mehl
Puderzucker zum Bestäuben

**Zubereitungszeit 50 Min.
Abtropfzeit 2 Std.**

1   Den Topfen in einem Sieb 2 Stunden abtropfen lassen.

2   Für den Teig beide Mehlsorten, Milch und saure Sahne zu einem Teig verkneten. Mit Mehl bestäuben und 20 Minuten ruhen lassen.

3   Für die Füllung die Trockenfrüchte in kleine Stückchen schneiden und in eine Schüssel geben. Walnüsse, Semmelbrösel und Topfen untermischen. Mit Zucker, Vanillezucker, Rum, Zimt und Zitronenabrieb würzen.

4   Den Teig auf einer bemehlten Arbeitsfläche zu einer Rolle von ca. 15 Zentimeter formen. Die Rolle in ca. 1 Zentimeter dicke Scheiben schneiden. Jede Scheibe zu einem runden Taler mit einem Durchmesser von ca. 19 Zentimeter ausrollen. Je ca. 40 Gramm Füllung auf die Taler geben und zwar so, dass immer eine Teighälfte frei bleibt. Die freie Teighälfte über die Füllung klappen. Die Ränder etwas zusammendrücken und nach Bedarf mit einem Teigrad oder spitzen Messer in eine gleichmäßige halbrunde Form bringen.

5   Die beiden Fette in einer Fritteuse oder in einem Topf auf 170 bis 180 °C erhitzen.

6   Die Krapfen im heißen Fett auf beiden Seiten goldgelb backen. Auf Küchenpapier ablegen und mit Puderzucker bestäuben.

Mein Tipp Die Füllung variiert je nach Region von Mohn bis zu getrockneten Früchten. Kirchtagskrapfen sind ein Schmalzgebäck, das seinen Ursprung in Tirol / Südtirol hat. Dort werden sie traditionell im August zum Kirchtagsfest gegessen.

Bauernkrapfen

1   Die Butter zerlassen. Backofen vorheizen auf 50 °C. Die Milch leicht erwärmen. Die Hefe zerbröseln und mit 2 Esslöffel Zucker in der Milch auflösen. In einer großen Schüssel das Mehl mit dem restlichen Zucker mischen. Salz, Eigelb, lauwarme Butter, Hefemilch, Kirschwasser und Zitronenabrieb zufügen. Alles zu einem glatten Teig verarbeiten und dabei nach Bedarf noch etwas Mehl dazugeben. Der Teig sollte sich vom Schüsselrand lösen.

2   Den Backofen ausschalten. Die Schüssel mit einem Tuch abdecken und in den Backofen stellen. Nach 30 Minuten (das Teigvolumen sollte sich verdoppelt haben) den Teig nochmals gut durchkneten und weitere 30 Minuten im Backofen gehen lassen.

3   Den Teig auf einer bemehlten Arbeitsfläche ca. 0,5 bis 1 Zentimeter dick ausrollen. Mit einem Ausstecher Kreise ausstechen. Auf Backpapier ablegen, abdecken mit Frischhaltefolie und weitere 30 Minuten gehen lassen.

4   Butterschmalz und Palmfett zusammen in einer Fritteuse oder in einem Topf auf 170 bis 180 °C erhitzen.

5   Taler mit den Handballen mittig eindrücken und mit den Händen so auseinanderziehen, dass der Teig in der Mitte dünn ist und außen ein schöner dicker Rand bleibt. 5 Minuten ruhen lassen.

6   Teiglinge mit der Oberseite nach unten in das heiße Fett einlegen, mit einem Deckel für ca. 30 Sekunden abdecken und goldbraun ausbacken. Wenden und auf der anderen Seite ebenfalls goldgelb ausbacken. Auf Küchenpapier abtropfen lassen. Noch lauwarm mit Puderzucker bestäuben.

Mein Tipp *Diese Krapfen schmecken am besten lauwarm und sollten gleich gegessen werden, etwa mit Konfitüre oder Fruchtmus. Die »Auszogne«, auf Hochdeutsch »Ausgezogene«, ist ein traditionelles Gebäck aus bayerischen und österreichischen Backstuben.*

Zutaten für 14–16 Stück

Für den Teig
30 g Butter
250 ml Milch
20 g Hefe
40 g Zucker
450 g doppelgriffiges Mehl (+ 50 g nach Bedarf) (Wiener Griessler)
1 Prise Salz
3 Eigelb (Größe L)
1 EL Kirsch- oder Birnenwasser
Abrieb von ¼ Biozitrone

Zum Ausbacken
250 g Butterschmalz
250 g Palmfett (z. B. von Biskin)

Außerdem
1 runder Ausstecher à 9,5 cm Durchmesser
Puderzucker zum Bestäuben

Zubereitungszeit 50 Min.

Zwetschgen im Bierteig

Zutaten für 20 Stück

Für den Teig
2 Eier (Größe L)
2 EL brauner Zucker
3 EL neutrales Öl
(z. B. Sonnenblumen-
oder Rapsöl)
80 ml helles Bier
70 g Mehl
1 Prise Salz
1 TL Zucker
Abrieb von ¼ Biozitrone
ausgekratztes Mark von
½ Vanilleschote

Zum Ausbacken
2 Eigelb (Größe L)
80 g Gewürzspekulatius,
fein gemahlen
400 g Butterschmalz
250 g Soft-Zwetschgen

Außerdem
Puderzucker zum Bestäuben

Zubereitungszeit 30 Min.

1 Für den Teig die Eier trennen. In einer Schüssel Eigelb mit Zucker und Öl verrühren. Nach und nach Bier und Mehl dazugeben und alles zu einem glatten Teig verarbeiten.

2 Eiweiß mit 1 Prise Salz und Zucker zu Eischnee steif schlagen. Eischnee unter den Teig heben. Den Teig mit Zitronenabrieb und Vanillemark würzen.

3 Zum Ausbacken Eigelb in einer flachen Schüssel verquirlen. Spekulatiusbrösel in einer zweiten flachen Schüssel bereitstellen. Den Teig ebenso bereitstellen.

4 Butterschmalz in einer Fritteuse oder in einem Topf auf 170 bis 180 °C erhitzen. Das Fett hat die richtige Temperatur erreicht, wenn sich Bläschen an einem Holzlöffelstiel bilden, den man kurz hineinhält.

5 Die Zwetschgen nacheinander beidseitig durch das Eigelb ziehen, in den Spekulatiusbröseln wälzen, durch den Teig ziehen und im heißen Fett auf beiden Seiten goldgelb backen. Die fertig gebackenen Früchte zum Abtropfen auf ein Stück Küchenpapier legen.

6 Die Zwetschgen im Bierteig noch lauwarm servieren und nach Belieben mit etwas Puderzucker bestäuben.

Mein Tipp Um die Zwetschgen durch den Teig zu ziehen, verwende ich meist einen Zahnstocher. Als Beilage empfehlen sich Sauerrahm- oder Rotweineis. Um einen kräftigeren Biergeschmack zu bekommen, können Sie auch dunkles Hefeweizen nehmen.

Buttermilchwaffeln

Für den Teig
60 g Butter
200 g Mehl (Type 550)
80 g Zucker
1 Päckchen Bourbon-
Vanillezucker
300 ml Buttermilch
4 Eigelb (Größe M,
Raumtemperatur)
1 Prise Zimtpulver
Abrieb von ½ Biozitrone
4 Eiweiß
1 Prise Salz

Zum Ausbacken
Butterschmalz oder
neutrales Öl

Außerdem
200 g Sahne
1 EL Zucker
Puderzucker zum Bestäuben

Zubereitungszeit 20 Min.

1 Butter in einem kleinen Topf zerlassen. Zum Warmhalten der Waffeln den Backofen vorheizen auf 50 °C.

2 Mehl, 50 Gramm Zucker und Vanillezucker in einer Schüssel vermischen. Buttermilch und Eigelb dazugeben und unterrühren. Den Teig mit Zimt und Zitronenabrieb würzen. Die lauwarme Butter dazugießen und alles zu einem glatten Teig verrühren.

3 Eiweiß mit 1 Prise Salz und dem restlichen Zucker zu Eischnee steif schlagen. Zuerst nur ein Drittel des Eischnees unter die Buttermilchmasse rühren, dann den Rest locker unterziehen.

4 Ein Waffeleisen vorheizen und leicht einfetten. Portionsweise etwas Teig in die Mitte geben, verteilen und das Eisen schließen. Die Waffeln bei mittlerer Hitze goldbraun ausbacken. Herausnehmen, nebeneinander auf ein Kuchengitter im Backofen legen, abdecken und warm halten.

5 Zum Anrichten die Sahne mit etwas Zucker halbsteif schlagen. Die Waffeln teilen, sodass Herzen entstehen, und auf Tellern anrichten. Mit Puderzucker bestäuben und je einen Klecks Sahne daneben setzen.

Mein Tipp Dazu passt das Kirschkompott von Seite 124.

Marzipanwaffeln

1   Zum Warmhalten der Waffeln den Backofen vorheizen auf 50 °C.

2   Das Marzipan mit einer Gabel zerkleinern und zusammen mit der Butter zu einer glatten Masse verarbeiten. Zucker, Salz, Vanillezucker und Mandellikör dazugeben. Nach und nach die Eier unterrühren.

3   Das Mehl mit der Speisestärke vermischen. Über die Buttermasse sieben. Die Mandelblättchen dazugeben und alles zu einem Teig rühren.

4   Ein Waffeleisen vorheizen und leicht einfetten. Portionsweise etwas Teig in die Mitte geben, verteilen und das Eisen schließen. Die Waffeln bei mittlerer Hitze goldbraun backen. Herausnehmen, nebeneinander auf ein Kuchengitter im Backofen legen, abdecken und warm halten.

5   Die Waffeln teilen, sodass Herzen entstehen, und auf Tellern anrichten. Nach Belieben mit Puderzucker bestäuben.

Mein Tipp *Außer Puderzucker bietet sich zur Verzierung auch Honig an. Im Sommer mag ich besonders gern einen Klecks Aprikosen-Fruchtaufstrich oder Sauerrahm dazu.*

Zutaten für 4–6 Stück

50 g Honig-Marzipan (Naturkostladen)

125 g weiche Butter

30 g Zucker

1 Prise Salz

1 Päckchen Bourbon-Vanillezucker

2 EL Mandellikör (z. B. Amaretto)

4 Eier (Größe L, Raumtemperatur)

100 g Mehl

50 g Speisestärke

100 g Mandelblättchen

Zum Ausbacken

Butterschmalz oder neutrales Öl

Außerdem

Puderzucker zum Bestäuben

Zubereitungszeit 20 Min.

Versöhnungsstangerl

Zutaten für 24–26 Stück

Für den Teig
30 ml Milch
1 EL Zucker
10 g Hefe
200 g Mehl
120 g Butter
1 Eigelb (Größe M)

Für die Füllung
50 ml Milch
30 g Honig
100 g gemahlene Walnüsse
25 g Biskotten (Löffel-
biskuits), fein zerbröselt
½ TL Zimtpulver
1 TL Rum
ca. 60 g Johannisbeer- oder
Pflaumen-Fruchtaufstrich

Zum Fertigstellen
1 Eigelb (Größe M)
2 TL Sahne

Außerdem
Mehl für die Arbeitsfläche
Puderzucker zum Bestäuben

Zubereitungszeit 1 Std.
Backzeit 10–12 Min.

1 Backofen vorheizen auf 180 °C (Umluft 160 °C, Gas Stufe 2–3). Ein Backblech mit Backpapier auslegen.

2 Für den Teig Milch und Zucker in einer kleinen Schüssel verrühren. Die Hefe hineinbröckeln und unter Rühren darin auflösen. Mehl, Butter in Stücken und Eigelb in eine größere Schüssel geben. Die Hefemilch zufügen und alles zu einem glatten Teig verkneten. Den Teig zu einem Rechteck formen, in Klarsichtfolie einschlagen und 30 Minuten in den Kühlschrank stellen.

3 Für die Füllung die Milch mit dem Honig erhitzen. Walnüsse, Biskottenbrösel, Zimt und Rum einrühren. Etwas abkühlen lassen.

4 Teig auf einer bemehlten Arbeitsplatte zu einem großen Rechteck von ca. 3 Millimeter Dicke ausrollen. Aus der Teigplatte Stücke von ca. 11 Zentimeter Breite und 5 Zentimeter Länge schneiden.

5 Teigstücke in der Mitte dünn mit Fruchtaufstrich bestreichen. Die Nussfüllung zu länglichen, spitz zulaufenden Stangen à 8 bis 10 Gramm drücken und auf die Rechtecke legen. Den Teig jeweils über der Füllung einschlagen und die Enden zusammendrücken.

6 Die Stangerl auf das Backblech legen. Eigelb und Sahne miteinander verquirlen und die Mischung dünn auf die Stangerl streichen. Im Backofen in 10 bis 12 Minuten goldgelb backen. Herausholen und noch heiß mit Puderzucker bestäuben.

Mein Tipp Als Würze kann man statt der Biskotten (Löffelbiskuits) auch Spekulatius verwenden oder in den Puderzucker etwas Bourbon-Vanillezucker untermischen. Ebenso lassen sich die Fruchtaufstrichsorten nach Jahreszeit variieren – mein Favorit im Sommer ist Aprikose! Versöhnungsstangerl haben ihren Ursprung im Burgenland. Sie sollen an den höchsten jüdischen Feiertag, den Jom-Kippur-Versöhnungstag, erinnern.

Schaumrollen mit Kokoscremefüllung

1   Für die Füllung die Gelatine in kaltem Wasser einweichen. Den Pfirsichlikör leicht erwärmen. Sahne mit Zucker und Vanillemark steif schlagen.

2   Die Gelatine gut ausdrücken und in dem lauwarmen Likör auflösen. 2 bis 3 Esslöffel der geschlagenen Sahne mit der Likörgelatine vermischen. Die angerührte Gelatine, Kokosraspel und Zitronensaft unter die restliche Schlagsahne rühren. Die Creme abdecken und für 3 Stunden in den Kühlschrank stellen.

3   Backofen vorheizen auf 180 °C (Umluft 160 °C, Gas Stufe 2–3). Ein Backblech mit Backpapier auslegen. Die Schillerlockenformen mit Backpapier ummanteln. Das Ei zum Bestreichen verquirlen.

4   Den Blätterteig auf einer bemehlte Arbeitsfläche in 12 Streifen von 3 Zentimeter Breite und ca. 26 Zentimeter Länge schneiden. In zwei Durchgängen arbeiten. Je 6 Streifen von der breiten Seite der Formen beginnend leicht überlappend nach unten zur Spitze hin um die Formen wickeln. Die Teigstücke dünn mit Ei bestreichen und auf das Backblech legen.

5   Das Backblech in den Backofen geben und die Rollen 15 Minuten backen. Herausnehmen und noch heiß vorsichtig von den Formen ziehen. Die Gebäckstücke weitere 5 Minuten ohne Form in den Backofen schieben. Auf einem Kuchengitter abkühlen lassen. Die restlichen 6 Gebäckstücke analog backen.

6   Die Creme in eine Spritztülle geben und die Rollen befüllen. Mit Puderzucker bestäuben.

Mein Tipp *Die äußere Spitze oder die Öffnung der Gebäckstücke vor der Befüllung mit geschmolzener Kuvertüre bestreichen. Anstelle des Likörs können Sie auch Orangensaft verwenden.*

Zutaten für 12 Stück

Für die Füllung
1 Blatt farblose Gelatine
2 EL Pfirsichlikör (z. B. von Pêche)
160 g kalte Sahne
3 EL Zucker
2 Messerspitzen Vanillemark
1 EL feine Kokosflocken
1 Spritzer Zitronensaft

Für den Teig
1 Rolle Blätterteig à 275 g (Fertigprodukt aus dem Kühlregal)

Zum Fertigstellen
1 Ei (Größe L) zum Bestreichen
Puderzucker zum Bestäuben

Außerdem
6 Schillerlockenformen à 14 x 3,5 cm
1 Spritzbeutel (Auslassdurchmesser 8 mm)

Zubereitungszeit 45 Min.
Kühlzeit 3 Std.
Backzeit 20 Min.

Kipferl mit Pistazienhalwa

Zutaten für 32 Stück

Für den Teig
125 ml Milch
50 g brauner Zucker
20 g Hefe
150 g weiche Butter
4 Eigelb (Größe M)
Abrieb von ¼ Biozitrone
400 g Mehl

Für die Füllung
40 g Halwa mit Pistazien
(Türkischer Honig)
40 g Pistazien
ca. 16 EL Honig

Zum Fertigstellen
2 Eigelb
2 EL Sahne
Pistaziengrieß zum Verzieren

Außerdem
Mehl zum Bestäuben

Zubereitungszeit 1 Std.
Backzeit 13 Min.

1 Für den Teig die Milch mit 1 Esslöffel Zucker in eine kleine Schüssel geben. Die Hefe hineinbröckeln und unter Rühren darin auflösen. In einer großen Schüssel Butter, Eigelb, restlichen Zucker und Zitronenabrieb schaumig schlagen. Mehl und Hefemilch dazugeben und alles zu einem glatten Teig verkneten. Zu einer Kugel formen, mit Mehl bestäuben, mit einem Tuch abdecken und an einem warmen Ort 30 Minuten gehen lassen.

2 Backofen vorheizen auf 180 °C (Umluft 160 °C, Gas Stufe 2–3). Eine Tasse mit Wasser füllen und in den Backofen stellen. Ein Backblech mit Backpapier auslegen.

3 Für die Füllung die Halwapaste und die Pistazien klein hacken und in einer Schüssel vermischen.

4 Den Teig in 4 Portionen teilen. Jedes Teigstück auf einer bemehlten Arbeitsfläche zu einem Kreis von ca. 26 Zentimeter Durchmesser ausrollen und wie einen Kuchen in 8 Stücke schneiden. Die dadurch entstandenen Dreiecke von der breiten Seite aus zu drei Viertel des Stückes mit der Halwa-Pistazien-Mischung bestreuen. Mit einem Teelöffel Honig in feinen Linien auf die Füllung ziehen.

5 Eigelb und Sahne zum Bestreichen verrühren. Die belegten Teigstücke von der breiten Seite beginnend zu Hörnchen aufrollen. Die Spitze mit etwas Eigelb-Sahne-Mischung verschließen.

6 Die Kipferl auf das Backblech setzen. Mit der Eigelb-Sahne-Mischung dünn bestreichen, damit sie einen schönen Glanz bekommen. Mit Pistaziengrieß verzieren.

7 Das Backblech in den Backofen schieben und die Kipferl in 10 bis 13 Minuten goldgelb backen. Den Vorgang so oft wiederholen, bis der Teig verbraucht ist.

Mein Tipp *Die Kipferl am besten frisch essen.*

Maronenherzen mit Zimt-Orangen-Sahne

Zutaten für ca. 16 Stück

Für die Maronenherzen

250 g vakuumierte gekochte Maronen
70 g Puderzucker
½ TL dunkler Rum
½ Päckchen Bourbon-Vanillezucker
120 g Zartbitterkuvertüre (60-70 % Kakao)
5 g Butterschmalz oder Kokosfett
1 Prise Kardamom

Für die Zimt-Orangen-Sahne

200 g Sahne, gut gekühlt
1 TL Zucker
1 Messerspitze Zimtpulver
1 Messerspitze Orangenabrieb
1 Spritzer Orangensaft

Außerdem

Temperiergabel oder Zahnstocher
Pralinengitter

Zubereitungszeit 40 Min.
Kühlzeit 1½–2 Std.

1 Wasser aufkochen, den Beutel mit den vakuumierten Maronen einlegen und die Maronen 10 Minuten kochen lassen. Den Beutel aus dem Wasser nehmen, aufschneiden und die heißen Maronen in ein hohes Gefäß geben. Puderzucker, Rum und Vanillezucker dazugeben und alles mit einem Pürierstab fein pürieren. Die ziemlich trockene Masse 1,5 bis 2 Stunden kühl stellen.

2 Die Kuvertüre in kleine Stücke hacken und zusammen mit dem Fett bei mittlerer Hitze langsam über einem nicht kochenden Wasserbad schmelzen. Mit einer Prise Kardamom würzen.

3 Aus der Maronenmasse kleine Herzen à ca. 5 Zentimeter Größe formen. Die Herzen entweder seitlich oder an der Spitze auf eine Temperiergabel oder einen Zahnstocher stecken und dann von beiden Seiten durch die flüssige Kuvertüre ziehen.

4 Die Herzen zum Trocknen auf ein Pralinengitter oder ein Stück Backpapier legen. An einen kühlen trockenen Ort stellen.

5 Für die Zimt-Orangen-Sahne die Sahne mit Zucker, Zimt und Orangenabrieb halbfest schlagen und mit einem Spritzer Orangensaft abschmecken.

6 Die Herzen mit der Zimt-Orangen-Sahne servieren.

Mein Tipp *Maronenherzen sind ein spezielles Vergnügen für die kalte Jahreszeit und sollten am besten frisch gegessen werden. Dieses Rezept mag ich sehr gern, da es viele Variationen zulässt. Beispielsweise kann man zur Weihnachtszeit die Schokolade auch mit etwas Lebkuchengewürz fein aromatisieren. Oder mit heller und dunkler Kuvertüre kontrastreich verzieren. Die Herzen lassen sich gut vorbereiten. Im Kühlschrank sind sie in einer mit Backpapier ausgelegten Frischhaltebox 2 bis 3 Tage haltbar.*

Spitzbuben und Linzer Augen

Zutaten für 14 Spitzbuben

290 g Mehl
120 g Puderzucker
100 g Mandelmehl
Mark von ½ Vanilleschote
200 g kalte Butter
1 Ei (Größe L)
1 Eigelb (Größe L)
200 g Marillen-
Fruchtaufstrich (Seite 134)

Zutaten für 14 Linzeraugen

120 g Haselnüsse, gemahlen
1 EL Bourbon-Vanillezucker
250 g Mehl
120 g feiner brauner Zucker
¼ TL Zimtpulver
1 Messerspitze Nelkenpulver
1 Messerspitze Muskatnuss
Abrieb von ¼ Biozitrone
200 g kalte Butter
1 Ei (Größe L)
200 g Preiselbeer-Himbeer-
Fruchtaufstrich (Seite 135)

Außerdem

1 runder Ausstecher
à 9,5 cm Durchmesser
1 runder Ausstecher
à 4 cm Durchmesser
1 Ausstecher in Herzform
à 3–5 cm Durchmesser
Puderzucker zum Bestäuben

Zubereitungszeit je 1 Std.
Kühlzeit 1–2 Std.
Backzeit
Spitzbuben 8–10 Min.
Linzer Augen 10–12 Min.

1 Backofen vorheizen auf 180 °C (Umluft 160 °C, Gas Stufe 2–3). Backblech mit Backpapier auslegen.

2 **Für die Spitzbuben** Mehl und Puderzucker sieben. Mit Mandelmehl, Vanillemark, Butter in kleinen Stückchen, Ei und Eigelb zu einem glatten Teig verkneten. Teig halbieren, Rechtecke formen, in Klarsichtfolie einschlagen und 1,5 Stunden kühl stellen.

3 Den Teig schnell verarbeiten, sonst wird er weich: Auf einer bemehlten Arbeitsfläche 3 Millimeter dick ausrollen. 14 große Kreise ausstechen. Aus der Hälfte der Kreise mittig einen kleineren Kreis ausstechen. Alle auf ein Backblech legen. 15 Minuten kühl stellen.

4 Spitzbuben in 8 bis 10 Minuten hell backen. Auf einem Kuchengitter auskühlen lassen. Fruchtaufstrich erwärmen und nach Bedarf passieren. Nur die kompletten Kreise bestreichen. Die mit Loch versehenen Kreise mit Puderzucker bestäuben und auf die anderen setzen.

5 **Für die Linzer Augen** eine Pfanne ohne Fett erhitzen und die Nüsse mit dem Vanillezucker darin hell anrösten. Abkühlen lassen. Mehl, Zucker, Haselnüsse, Zimt, Nelkenpulver, Muskatnuss und Zitronenabrieb mischen. Mit Butter in Stückchen und Ei zu einem glatten Teig verkneten. Teig halbieren, Rechtecke formen, in Klarsichtfolie einschlagen und 1,5 Stunden kühl stellen.

6 Den Teig schnell verarbeiten, sonst wird er weich: Auf einer bemehlten Arbeitsfläche 3 Millimeter dick ausrollen. 14 große Kreise ausstechen. Aus der Hälfte der Kreise mittig ein Herz ausstechen. Alle Kreise auf ein Backblech legen. 15 Minuten kühl stellen.

7 Linzer Augen in 10 bis 12 Minuten auch bei 180 °C goldfarben backen. Auskühlen lassen. Fruchtaufstrich erwärmen und passieren. Die Kreise ohne Herz bestreichen. Die Herz-Oberseiten mit Puderzucker bestäuben und auf die bestrichenen Kreise setzen.

Gebackene Apfelringe

1   Äpfel waschen, abtrocknen und das Kerngehäuse ausstechen. Das Fruchtfleisch in Ringe von ca. ½ Zentimeter Dicke schneiden.

2   Für den Teig die Butter in einem kleinen Topf zerlassen. Die Eier trennen.

3   Das Mehl mit Eigelb, Apfelsaft und der geschmolzenen Butter in eine Schüssel geben. Mit Zitronenabrieb und -saft würzen. Die Zutaten miteinander verrühren. Eiweiß mit 1 Prise Salz zu Eischnee steif schlagen, dabei den Puderzucker löffelweise dazugeben. Ei-schnee locker unter den Teig heben.

4   Kokosfett in einer Pfanne erhitzen. Das Fett hat die richtige Temperatur erreicht, wenn sich Bläschen an einem Holzlöffelstiel bilden, den man kurz hineinhält.

5   Apfelringe durch den Teig ziehen, in das Fett einlegen und auf beiden Seiten goldgelb backen. Herausnehmen und auf ein Blatt Küchenpapier legen. Puderzucker und Zimt mischen und die war-men Ringe damit bestäuben.

Mein Tipp *Apfelringe sind sehr beliebt. Meine Gäste schätzen es, wenn ich die frisch geschnittenen Apfelringe vor dem Ausbacken 5 Minuten in Apfelbranntwein (z. B. Calvados) lege und die gebacke-nen Ringe mit Vanillesauce (siehe Seite 128) lauwarm serviere. Man kann aber auch den Apfelsaft durch Gewürztraminer ersetzen und in den Teig 3 bis 4 Esslöffel Mandelblättchen unterheben.*

Zutaten für 4–6 Portionen als Dessert
600 g (4 Stück) Bioäpfel
(z. B. Topaz od. Jonagold)

Für den Teig
30 g Butter
2 Eier (Größe L)
150 g Dinkelmehl (Typ 550)
140 ml Apfelsaft
¼ TL Abrieb von
1 Biozitrone und
1 Spritzer Zitronensaft
1 Prise Salz
30 g Puderzucker

Zum Ausbacken
250 g Kokosfett

Zum Fertigstellen
Puderzucker und Zimtpulver zum Bestäuben

Zubereitungszeit 30 Min.

Kompotte & Fruchtaufstriche

Klein aber fein. Geschmackliche i-Tüpfelchen als Begleitung von Mehlspeisen, zum Glasieren von Früchten, als Verstärkung in Füllungen oder einfach zum Genießen auf Frühstückssemmeln. Auch feine Saucen und Pestos sind dabei.

Kirschkompott

Zutaten für ca. 750 g

800 g Kirschen
(netto 600 g)
1 dünne Scheibe Ingwer
300 ml Apfelsaft
¾ TL Vanille-Puddingpulver
30 g Zucker
ausgekratztes Mark von
½ Vanilleschote
1 Zimtsplitter
(kleines Stück einer
zerbrochenen Zimtstange)
1 Sternanis
1 Zeste von 1 Biozitrone

Zubereitungszeit 25 Min.

1 Kirschen waschen, halbieren und entsteinen, 600 Gramm Fruchtfleisch werden benötigt. Ingwer schälen.

2 Von dem Apfelsaft 2 Esslöffel abnehmen und in einer Tasse mit dem Puddingpulver glatt rühren. Beiseite stellen.

3 Den Zucker in einen Topf geben und bei mittlerer Hitze goldfarben karamellisieren lassen. Den restlichen Apfelsaft einrühren. Ingwer, Vanillemark, Zimt, Sternanis und Zitronenzeste zufügen. Aufkochen lassen. Die Kirschen in den Topf geben und in 4 bis 6 Minuten weich garen.

4 Die Gewürze entfernen. Die Kirschen durch ein Sieb gießen und dabei den Saft auffangen.

5 Den Kirschsaft wieder zurück in den Topf geben und das angerührte Puddingpulver einrühren. Nochmals kurz aufkochen. Die Kirschen in die Sauce geben.

Mein Tipp Eine etwas herbere Note bekommt das Kompott, wenn man die Menge des Apfelsaftes halbiert oder ganz ersetzt durch Muttersaft der schwarzen Johannisbeere. Dieser ist in Naturkostläden erhältlich. Sollten Sie keine frischen Kirschen bekommen, lassen sich auch tiefgefrorene gut für das Kompott verwenden.

Info Das Kompott passt gut zu den Buttermilchwaffeln von Seite 110 und den Schupfnudeln von Seite 86.

Helles Pflaumenkompott

1 Die Pflaumen waschen, halbieren, entsteinen und klein würfeln. In eine Schüssel geben und mit Vanillemark und Gelierzucker vermischen. Abdecken und 2 Stunden ziehen lassen.

2 Die Pflaumen in einen Topf geben und das Obstwasser in die Fruchtmasse einrühren. Die Pflaumen unter Rühren aufkochen und bei mittlerer Hitze unter gelegentlichem Rühren langsam dicklich einkochen lassen; das dauert ca. 15 bis 20 Minuten.

Mein Tipp Das Kompott bekommt einen besonders aromatischen Geschmack, wenn es am Topfboden leicht karamellisiert. Das erreicht man durch dosiertes Umrühren. Für mich ist das Pflaumenkompott die ideale Füllung für den Prager Pudding von Seite 24.

Zutaten für ca. 450 g
650 g rote und gelbe Pflaumen (netto 500 g)
ausgekratztes Mark von ½ Vanilleschote
150 g Gelierzucker 3:1
2 EL Obstwasser

Zubereitungszeit 30 Min.
Ziehzeit 2 Std.

Nussbutter

1 Butter in einen kleinen Topf geben und bei schwacher bis mittlerer Hitze schmelzen lassen. Sobald sie anfängt, sich goldbraun zu färben, von der Kochstelle nehmen.

2 Ein Sieb mit Küchenpapier auslegen, auf eine Schüssel stellen und die flüssige Butter durch das Sieb filtern. Die flüssige Butter in ein sterilisiertes Glas füllen und dieses verschließen.

Info Nussbutter ist keine Butter mit Nüssen, sondern geschmolzene Butter, die durch Bräunen einen nussigen Geschmack bekommt. Sie ähnelt dem indischen Ghee und ist im Kühlschrank ca. 14 Tage haltbar.

Zutaten für ca. 160 g
250 g Butter

Zubereitungszeit 20 Min.

Heidelbeerkompott

1 Die Heidelbeeren verlesen, in ein Sieb legen, abbrausen und abtropfen lassen.

2 Den braunen Zucker in einem Topf hellbraun karamellisieren. Mit Johannisbeersaft aufgießen. Die Heidelbeeren, den Einmachzucker, das Lorbeerblatt und die Nelken dazugeben.

3 Die Heidelbeeren unter Rühren aufkochen und bei mittlerer Hitze unter gelegentlichem Rühren dicklich einkochen lassen; das dauert 30 bis 35 Minuten.

4 Das Lorbeerblatt und die Nelken entfernen. Das Kompott nach Bedarf auf Vorrat abfüllen oder zeitnah verzehren.

Mein Tipp Durch den Muttersaft, der pur ohne Zucker ist, bekommt die Zubereitung eine herbe Note, die bei Verwendung des Kompotts als Füllung der Povesen von Seite 100 sehr gut zur Geltung kommt. Ansonsten das Kompott nach Belieben nachsüßen.

Zutaten für ca. 500 g

600 g Heidelbeeren
3 EL brauner Zucker
250 ml schwarzer Johannisbeer-Muttersaft
220 g Einmachzucker
1 Lorbeerblatt
2 Nelken

Zubereitungszeit 20 Min.

Vanillesauce

Zutaten für ca. 500 ml

½ Vanilleschote
250 ml Milch
250 g Sahne
80 g Zucker
1 Zeste von 1 Biozitrone
2 EL Mandellikör
(z. B. Amaretto)
4 Eigelb (Größe L)
8 g Speisestärke

Zubereitungszeit 25 Min.

1 Die Vanilleschote längs aufschlitzen und das Mark herauskratzen. Milch, Sahne, Vanilleschote und -mark, 1 Esslöffel Zucker und die Zitronenzeste in einen Topf geben. Die Sahnemilch aufkochen.

2 Schote und Zitronenzeste entfernen. Mandellikör einrühren.

3 Eigelb, restlichen Zucker und Speisestärke glatt rühren. In die Vanillemilch gießen und auf der Kochstelle zu einer dickflüssigen Sauce rühren. Die Sauce nach Bedarf mit etwas Milch auf die gewünschte Konsistenz rühren.

Walnusssauce

Zutaten für ca. 200 ml

40 g Walnüsse
40 g Rohrzucker
250 g Sahne
1 Messerspitze Vanillemark
3 Eigelb (Größe M)
1 Prise Muskatnuss

Zubereitungszeit 25 Min.
Ruhezeit 4 Std.

1 Walnüsse grob hacken. In einem Topf den Rohrzucker durch Erhitzen verflüssigen und die Nüsse darin karamellisieren lassen. Mit der Sahne aufgießen und das Vanillemark unterrühren. Den Topf kühl stellen und die Walnusssahne 4 Stunden reifen lassen.

2 Walnusssahne durch ein Sieb gießen und zur Weiterverwendung nochmals erwärmen. Eigelb über einem warmen Wasserbad schaumig aufschlagen. Die Walnusssahne unterschlagen. Mit Muskatnuss würzen.

Mein Tipp Ich stelle die Walnusssauce vor dem Servieren 3 bis 4 Stunden kalt. Man kann sie aber auch lauwarm anrichten.

Quittengelee

1   Zunächst die Gläser und ihre Deckel sterilisieren. Dazu ein Geschirrtuch auf ein Backblech legen und Gläser und Deckel darauf platzieren. Das Backblech in den Backofen schieben und die Temperatur auf 100 °C (Umluft 80 °C, Gas Stufe 1) stellen. Sobald die Temperatur erreicht ist, die Gläser und Deckel mindestens 10 Minuten im Backofen belassen. Kurz vor Fertigstellung des Gelees aus dem Backofen holen.

2   Die Quitten waschen, halbieren und in grobe Würfel schneiden (Kerngehäuse und Schalen werden mitgekocht). Die Zitrone waschen, halbieren und vierteln.

3   Das Obst in einem großen Topf mit dem Birnensaft begießen. Aufkochen, Hitze auf mittlere Stufe reduzieren und das Obst in ca. 20 Minuten weich kochen, dabei gelegentlich umrühren.

4   Ein großes Sieb mit einem Tuch auslegen, die gekochten Früchte hineingießen und den Quittensud auffangen. Es sollen 750 Milliliter Saft werden. Den Saft zurück in den Topf gießen.

5   Die Vanilleschote längs aufschlitzen und das Mark herauskratzen. Gelierzucker, Thymian, Vanilleschote und -mark zu dem Quittensaft geben und untermischen. Die Mischung zum Kochen bringen und nach einer Kochzeit von 5 Minuten den Topf von der Kochstelle nehmen. Vanilleschote und Thymianzweige entfernen.

6   Das heiße Gelee nochmals durch ein feines Sieb laufen lassen, in die sterilisierten Gläser füllen und diese verschließen.

Mein Tipp *Es gibt Apfel- und Birnenquitten. Beide sind zum Einkochen geeignet. Den »kleinen Pelz«, den die Früchte oftmals haben, bitte abreiben, denn er macht das Gelee bitter!*

Info *Ideal als Füllung für die Spitzbuben von Seite 120 und die Palatschinken von Seite 103.*

Zutaten für 4 Gläser

Für das Gelee
1,3 kg Bioquitten
1 Biozitrone
1 l Birnensaft
(z. B. von van Nahmen)
½ Vanilleschote
250 g Gelierzucker 3:1
2 Zweige Thymian

Außerdem
4 Gläser à 200 ml Inhalt
1 Geschirrtuch

Zubereitungszeit 30 Min.

Orangenkompott

Zutaten für 4 Portionen
4 Orangen (netto 350 g)
3-4 Saftorangen
1 TL Vanille-Puddingpulver
½ Vanilleschote
30 g Zucker
1 EL Orangenlikör
(z. B. Grand Marnier)
2 Nelken
1 Zimtsplitter
(kleines Stück einer
zerbrochenen Zimtstange)
1 Sternanis
2-3 Messerspitzen Orangenabrieb

Zubereitungszeit 25 Min.

1   Die Orangen waschen. Sorgsam die Schale inklusive der weißen Haut von der Frucht wegschneiden.

2   Aus den geschälten Orangen die Filets herausschneiden. Dazu
die Früchte über eine Schüssel halten, mit einem scharfen Messer
an den weißen Trennwänden entlangfahren und den ablaufenden
Saft in der Schüssel auffangen. 350 Gramm Fruchtfleisch abwiegen und mit dem aufgefangenem Saft beiseite stellen. Die Saftorangen auspressen und 200 Milliliter Saft abmessen.

3   Das Puddingpulver mit 2 Esslöffel Orangensaft glatt rühren und
beiseite stellen. Die Vanilleschote längs aufschlitzen und das Mark
herauskratzen.

4   In einem Topf den Zucker goldfarben karamellisieren lassen.
Mit Orangenlikör und Orangensaft ablöschen. Die Hitze reduzieren. Vanilleschote und -mark, Nelken, Zimtsplitter, Sternanis und
Orangenabrieb zufügen. Den Orangensud ca. 4 Minuten köcheln
lassen.

5   Die Gewürze entfernen. Das angerührte Puddingpulver mit einem Schneebesen unter den Sud rühren. Die Filets einlegen. Auf
der Kochstelle nochmals 2 bis 3 Minuten ziehen lassen.

Mein Tipp Das Kompott bekommt eine etwas herbe Note,
wenn Halbblutorangen verwendet werden. Die Saison dieser Früchte ist von ca. Ende November bis Anfang März.

Info Ideal als Begleitung zum Wiener Kaffeekoch von Seite 23.

Marillen-Fruchtaufstrich

Zutaten für 7–8 Gläser

1,6 kg gut gereifte Marillen
wahlweise Aprikosen
(netto 1,4 kg)
500 g Gelierzucker 3:1
ausgekratztes Mark
von ½ Vanilleschote
2 Orangen

Außerdem

7-8 Gläser à 250 ml Inhalt

Zubereitungszeit 1 Std.
Ziehzeit 1 Std.

1   Reichlich Wasser aufkochen. Die Marillen kreuzweise einritzen, kurz in das kochende Wasser eintauchen, herausnehmen und häuten. Die Früchte halbieren und die Steine entfernen. 1,4 Kilogramm Fruchtfleisch abwiegen und die Fruchthälften noch einmal durchschneiden, sodass Fruchtviertel entstehen.

2   Die Fruchtviertel in einen hohen Topf geben. Gelierzucker und Vanillemark untermischen. Orangen auspressen, 100 Milliliter Saft abmessen und den Saft ebenfalls unter die Marillen rühren. Abdecken und 1 Stunde ziehen lassen, damit sich Saft bilden kann.

3   Die Gläser und ihre Deckel sterilisieren. Dazu ein Geschirrtuch auf ein Backblech legen und Gläser und Deckel darauf platzieren. Das Backblech in den Backofen schieben und die Temperatur auf 100 °C (Umluft 80 °C, Gas Stufe 1) stellen. Sobald die Temperatur erreicht ist, die Gläser und Deckel mindestens 10 Minuten im Backofen belassen. Kurz vor Fertigstellung des Fruchtaufstrichs aus dem Backofen holen.

4   Den Topf auf die Kochstelle stellen. Den Inhalt unter Rühren langsam zum Kochen bringen und 5 bis 8 Minuten sprudelnd kochen lassen. Nach Belieben mit einem Stabmixer fein pürieren.

5   Die kochend heiße Masse randvoll in die sterilisierten Gläser füllen und diese verschließen.

Mein Tipp *Ich gebe auch gern etwas Rum oder Mandellikör in die heiße Fruchtmasse. Dann verwende ich 100 Gramm mehr Marillen und nehme anstatt Orangensaft nur ein Stück Orangenzeste. Es lohnt sich, von diesem Fruchtaufstrich immer ein paar Gläser im Vorrat zu haben. Er eignet sich außer zur Füllung von Plätzchen und Kuchen auch sehr gut zum Frühstück.*

Info *Geeignete Füllung für die Palatschinken von Seite 103 und die Spitzbuben von Seite 120.*

Himbeer-Preiselbeer-Fruchtaufstrich

1   Zunächst die Gläser und ihre Deckel sterilisieren. Dazu ein Geschirrtuch auf ein Backblech legen und Gläser und Deckel darauf platzieren. Das Backblech in den Backofen schieben und die Temperatur auf 100 °C (Umluft 80 °C, Gas Stufe 1) stellen. Sobald die Temperatur erreicht ist, die Gläser und Deckel mindestens 10 Minuten im Backofen belassen. Kurz vor Fertigstellung des Fruchtaufstrichs aus dem Backofen holen.

2   Die Beeren in ein Sieb legen, abbrausen und trockentupfen. Den Apfel waschen und mit dem Kerngehäuse in grobe Stücke schneiden. Das Obst in einen Topf geben und mit Zitronen- und Apfelsaft begießen. Zum Kochen bringen, die Hitze auf mittlere Stufe reduzieren und in ca. 10 Minuten weich kochen. Das gekochte Obst durch ein feines Sieb streichen. Es sollten ca. 410 Gramm Obstmus entstehen.

3   Das Obstmus mit dem Gelierzucker mischen und zum Kochen bringen. 5 Minuten kochen lassen und zwischendurch umrühren.

4   Das Obst von der Kochstelle nehmen und mit Zimt und Ingwer würzen. Noch heiß in die vorbereiteten Gläser füllen und diese verschließen.

Mein Tipp *Ein schönes frisches Aroma bekommt dieser Aufstrich, wenn zuletzt noch 2 bis 3 Messerspitzen Zitronenabrieb untergerührt werden.*

Info *Dieser Aufstrich dient als Füllung für die Linzer Augen (siehe Seite 120), während der Marillen-Fruchtaufstrich der gegenüberliegenden Seite ideal für die Spitzbuben (auch Seite 120) ist. Übrigens unterscheiden sich Spitzbub und Linzer Auge nicht nur in der Füllung, sondern auch im Teig. Der Spitzbub ist ein feiner Sandteig, der sich am besten gut gekühlt in kleinen Portionen verarbeiten lässt. Der mürbe Linzer-Augen-Teig ist dagegen etwas kräftiger.*

Zutaten für 2–3 Gläser
300 g Himbeeren
200 g Preiselbeeren
1 kleiner Bioapfel
Saft von ½ Zitrone
100 ml Apfelsaft
130 g Gelierzucker 3:1
1 Prise Zimtpulver
1 Messerspitze frisch geriebener Ingwer

Außerdem
2-3 Gläser à 250 ml Inhalt

Zubereitungszeit 30 Min.

Beeren-Fruchtaufstrich

Zutaten für 4–5 Gläser
300 g rote Johannisbeeren
300 g schwarze Johannisbeeren
200 g Himbeeren
½ Vanilleschote
300 g Gelierzucker 3:1
Abrieb von ¼ Biozitrone
2 Messerspitzen frisch geriebener Ingwer

Außerdem
4-5 Gläser à 250 ml Inhalt

Zubereitungszeit 35 Min.
Ziehzeit 2 Std.

1 Zunächst die Gläser und ihre Deckel sterilisieren. Dazu ein Geschirrtuch auf ein Backblech legen und Gläser und Deckel darauf platzieren. Das Backblech in den Backofen schieben und die Temperatur auf 100 °C (Umluft 80 °C, Gas Stufe 1) stellen. Sobald die Temperatur erreicht ist, die Gläser und Deckel mindestens 10 Minuten im Backofen belassen. Kurz vor Fertigstellung des Fruchtaufstrichs aus dem Backofen holen.

2 Die Beeren in ein Sieb geben, abbrausen und trockentupfen. Die Johannisbeeren mit einer Gabel von den Rispen streifen.

3 Vanilleschote längs aufschlitzen und das Mark herauskratzen.

4 Alle Beeren in einen Topf geben. Gelierzucker, Zitronenabrieb, Vanilleschote und -mark zufügen. Abdecken und ca. 2 Stunden ziehen lassen, damit sich Saft bilden kann.

5 Die Früchtemischung unter Rühren langsam zum Kochen bringen und 5 Minuten kochen lassen. Vanilleschote entfernen. Den frisch geriebenen Ingwer in die heiße Masse rühren. Die Masse mit einem Stabmixer pürieren.

6 In die sterilisierten Gläser abfüllen. Gläser sofort verschließen.

 *Info Ideal als Füllung für die Linzer Streusel von Seite 65.*

Macadamiapesto

1 Für das Macadamiapesto die Basilikumblätter waschen, trockenschütteln, etwas klein zupfen und in ein hohes Gefäß geben.

2 Macadamianüsse und Pistazien hacken und zum Basilikum geben. Darüber den Zuckerrübensirup und den Zitronensaft gießen.

3 Die Mischung mit einem Stabmixer zunächst grob zerhacken. Weiter pürieren und dabei das Öl in dünnem Strahl einlaufen lassen. Es soll ein sämiges Püree entstehen. Pesto mit Limettenabrieb würzen. In ein sauberes Schraubglas füllen und 3 bis 4 Stunden kühl stellen.

Zutaten für
ca. 160 g Macadamiapesto

14 große Basilikumblätter

60 g ungesalzene Macadamianüsse

10 g Pistazien

4-5 TL Zuckerrübensirup

3-4 EL Zitronensaft

100 ml neutrales Öl

2 Messerspitzen Limettenabrieb

Zubereitungszeit 15 Min.
Kühlzeit 3–4 Std.

Minzpesto

1 Für das Minzpesto die Minzeblätter waschen, trockenschütteln, etwas klein zupfen und in ein hohes Gefäß geben.

2 Vanillemark, Mandeln und Zitronensaft zufügen. Die Mischung mit einem Stabmixer zunächst grob zerhacken. Weiter pürieren und dabei das Öl in dünnem Strahl einlaufen lassen. Es soll ein feines Püree entstehen. Mit Honig und Zitronenabrieb würzen.

Mein Tipp Pesto kann man in einem Glas gut verschlossen ein paar Tage im Kühlschrank aufbewahren, doch muss man darauf achten, dass die Oberfläche immer mit Öl bedeckt ist. Das Macadamiapesto (auf dem Foto rechts) schmeckt köstlich zu den süßen Schupfnudeln mit Topfen von Seite 86, und das Minzpesto (auf dem Foto links) ist eine frische aromatische Ergänzung zu den Kärntner Nudeln von Seite 81.

Zutaten für
ca. 120 g Minzpesto

12 g frische Minzeblätter

2 Messerspitzen Vanillemark

40 g gemahlene blanchierte Mandeln

3 EL Zitronensaft

80 ml neutrales Öl

2 TL Honig

1 Messerspitze Zitronenabrieb

Zubereitungszeit je 15 Min.

Zwetschgenröster

Zutaten für 4 Gläser

1 kg Zwetschgen
(netto 750 g)

180 g Zucker

200 ml schwarzer
Johannisbeersaft

3 EL Johannisbeerlikör
(Crème de Cassis)

3 Zimtblüten

ausgekratztes Mark
von ½ Vanilleschote

1 Zeste von 1 Biozitrone

Saft von 1 Zitrone

Außerdem

4 Gläser à 275 ml Inhalt

Zubereitungszeit 30 Min.

1 Zunächst die Gläser und ihre Deckel sterilisieren. Dazu ein Geschirrtuch auf ein Backblech legen und Gläser und Deckel darauf platzieren. Das Backblech in den Backofen schieben und die Temperatur auf 100 °C (Umluft 80 °C, Gas Stufe 1) stellen. Sobald die Temperatur erreicht ist, die Gläser und Deckel mindestens 10 Minuten im Backofen belassen. Kurz vor Fertigstellung des Zwetschgenrösters aus dem Backofen holen.

2 Die Zwetschgen waschen, halbieren, entsteinen und vierteln. 750 Gramm Fruchtfleisch abwiegen.

3 Den Zucker in einen Topf geben und hell karamellisieren lassen. Mit Johannisbeersaft und -likör ablöschen. Zwetschgen, Zimtblüten, Vanillemark, Zitronenzeste und -saft dazugeben.

4 Das Obst aufkochen und bei schwacher Hitze dicklich einkochen lassen.

5 Die stückigen Gewürze entfernen. Noch heiß in die vorbereiteten Gläser geben und verschließen.

Mein Tipp Das Kompott entfaltet sein Aroma besonders schön, wenn es 1 bis 2 Tage ruhen kann, bevor es gegessen wird.

Info Der Klassiker als Beilage zum Kaiserschmarrn von Seite 102 oder zu den Marzipankartoffeln von Seite 84.

Rezeptregister

Über dieses Buch

Impressum

1. Auflage 2013

© 2013 by Südwest Verlag, einem Unternehmen der Verlagsgruppe Random House GmbH, 81637 München.

Hinweis

Die Ratschläge/Informationen in diesem Buch sind von Autorin und Verlag sorgfältig erwogen und geprüft. Dennoch kann eine Garantie nicht übernommen werden. Eine Haftung der Autoren bzw. des Verlags und seiner Beauftragten für Personen-, Sach- und Vermögensschäden ist ausgeschlossen.

Danksagung

♡-lichen Dank – an alle, die dieses Buch möglich gemacht haben. Mein besonderer Dank für die Unterstützung und die Geduld den wertvollen Menschen in meiner Umgebung … Thomas Meier, Leif Besselmann, Claudia Tebel-Nagy und Volker Debus.

Bildnachweis

Fotografie People und Food Volker Debus
Foodstyling Véronique Witzigmann
Styling Katja Memminger
Haare/Make-up Sabine Wicker

Bezugsquellen (Internet)

www.bosfood.de (Mandelmehl, Holunderblütensirup, Nussbutter, Zimtblüten)
www.tortissimo.de (Dariolförmchen, Schillerlocken, Backformen)
www.vannahmen.de (Jonagold-Apfelsaft, Birnensaft)
www.contemporaryceramics.at (Keramikgeschirr auf den Seiten 28, 88, 106, 132)

Redaktionsleitung Susanne Kirstein
Projektleitung Eva Wagner
DTP, Gesamtproducing
Grafikdesign Hansen – Jan-Dirk Hansen, München
Layout X-Design, München – Manuela Hutschenreiter
Redaktion Dr. Ute Paul-Prößler

Bildredaktion/Leitung der Fotoproduktion
Sabine Kestler
Korrektorat Susanne Langer
Litho Regg Media GmbH, München
Druck und Verarbeitung
Mohn Media Mohndruck GmbH, Gütersloh

Printed in Germany

Verlagsgruppe Random House FSC® N001967

Das für diesen Titel verwendete FSC®-zertifizierte Papier *Allegro halbmatt* wurde produziert von Sappi, Gratkorn

FSC MIX
Papier aus verantwortungsvollen Quellen
FSC® C011124
www.fsc.org

ISBN 978-3-517-08819-8